AI 시대 존재를 깨우는 인성교육

AI 시대, 존재를 깨우는 인성교육

발행일	2025년 12월 16일
지은이	유충열
발행인	인성교육실천교원연합 위원장 추치엽
기획·집필	총괄 팀장 위원장 유충열
감수위원	추치엽, 정미연, 문정이, 최재연, 안현주, 김다영, 박민정
발행처	인성교육실천교원연합, 경기도 남양주시 화도읍 마석로 45번길 8-3 투게더빌딩 2층
홈페이지	https://tupep.co.kr
사무처	031-511-3679
팩스	031-591-3678

펴낸이	차석호
펴낸곳	드림공작소
출판등록	2019-000005호
주소	부산광역시 남구 수영로 298, 산암빌딩 10층 1001호 드림공작소
전화번호	010-3227-9773
이메일	veron48@hanmail.net

편집/디자인	(주)북랩
제작처	(주)북랩 www.book.co.kr

ISBN	979-11-91610-32-1 63370 (종이책) 979-11-91610-33-8 65370 (전자책)

AI 시대,
존재를 깨우는
인성교육

인성의 5대 기질과 코칭의 만남

유충열 지음

 인성교육교원실천연합

존재를 마주하는 인성교육을 위하여

　우리는 지금 역사상 가장 빠르게 변화하는 시대에 살고 있습니다. 인공지능은 인간의 지적 활동을 능가하거나 대체하고, 알고리즘은 인간의 선택을 예측하며 유도하고 있으며, 디지털 환경은 인간의 감정과 행동을 데이터화하여 분석 가능한 대상으로 만들고 있습니다. 그 속에서 자라고 있는 청소년들은 물리적 결핍은 경험하지 않지만, 정서적 혼란과 정체성의 위기를 겪고 있습니다. 정보는 넘치고 연결은 쉬워졌지만, '나는 누구인가?' '나는 왜 존재하는가?'라는 본질적인 질문에는 점점 더 멀어지고 있습니다.

　이처럼 복잡하고 예측 불가능한 AI 시대에 인성교육은 더 이상 도덕 교과서 한 권이나 단순한 행동 지침으로는 충분하지 않습니다. 과거처럼 규범을 암기하게 하거나, 잘해야 한다는 외부의 기대를 반복해서 주입하는 교육은 청소년의 내면에 다가가지 못합니다. 지금의 세대는 과거와 달리 정보에 능통하고, 권위에 순응하기보다는 의미를 찾고자 합니다. 그들은 단순히 "이렇게 해야 한다"는 말을 받아들이지 않고, "왜 그래야 하죠?", "그게 진짜 나에게 맞는 건가요?", "나는 어떤 삶을 원하는가요?"와 같은 존재 중심의 질문을 던지고 있습니다.

이 책은 이러한 시대적 흐름과 물음에 응답하고자 집필되었습니다. 인간 존재의 근원을 이루는 5대 기질—욕구, 이성, 양심, 감정, 정서를 중심으로, 우리가 어떻게 '인성'을 다시 가르칠 것인가를 깊이 있게 성찰했습니다. 이는 단순히 '문제 행동이 없는 착한 아이'를 만드는 것을 넘어, 자기 존재를 명확히 인식하고, 자신의 감정을 올바르게 이해하며, 삶의 선택을 스스로 책임지고 의미 있게 살아가는 사람을 길러내는 교육을 의미합니다.

그 여정의 중심에는 '코칭'이 자리 잡고 있습니다. 특히 현대 코칭의 아버지라 불리는 토마스 레너드(Thomas Leonard)의 존재 중심 코칭 철학은 인성교육에 새로운 언어와 실천적 구조를 제공합니다. 그의 철학은 단순한 기술이나 방법론이 아닌, 인간 존재에 대한 깊은 존중과 신뢰를 바탕으로 한 것입니다. 코칭은 정답을 제공하지 않습니다. 대신에 깊은 질문을 던지고, 판단하지 않으며, 열린 귀로 경청합니다. 무엇보다 중요한 것은, 변화시키려 하지 않고 현재의 존재 그대로를 믿는다는 점입니다. 이러한 코칭 방식은 청소년이 자신을 부정하거나 억압하지 않고 있는 그대로 바라보며, 그 속에서 삶의 방향성과 의미를 스스로 찾아갈 수 있도록 돕습니다.

이 책은 교사와 학부모, 전문 코치와 멘토, 그리고 존재 중심 인성교육에 관심을 가진 모든 이들을 위한 실천적 안내서입니다. 각 장에서는 인간의 기질에 대해 깊이 탐색하고, 해당 기질이 인성에 미치는 영향과 그것을 코칭적 접근으로 어떻게 다룰 수 있을지에 대한 통찰을 제공합니다. 또한 실제 교육 현장이나 상담, 부모 교육, 멘토링 등 다양한 상황에서 바로 사용할 수 있는 질문 리스트, 워크시트, 코칭 사례, 관찰 포인트 등을 수록하여 실질적인 도움을 주고자 했습니다.

AI가 정보와 기술을 통해 인간의 여러 기능을 대신할 수 있는 시대에, 오히려 인간다움의 본질은 더욱 중요해졌습니다. 인간다움은 단순히 감정을 느끼는 능력이 아니라, 정체성을 인식하고, 타인과 공감하며, 스스로 선택하고 책임지는 존재로 살아가는 능력입니다. 이 모든 것은 외부에서 주어지는 것이 아니라, 자기 존재에 대한 탐색과 성찰을 통해 내면에서 자라나는 것입니다.

이러한 자각은 결코 한 번의 수업이나 짧은 캠페인으로 이루어지지 않습니다. 존재 중심 인성교육은 단발적인 이벤트가 아니라, 일상에서 지속적으로 깨어 있는 훈련과 실천을 통해 성숙해가는 존재의 여정입니다. 이 여정은 학습자의 내면을 존중하고, 관계 속에서 의미를 찾으며, 결국에는 인간 고유의 가치와 가능성을 회복하는 길이기도 합니다.

존재는 완성되는 것이 아니라, 매 순간 새롭게 깨어나는 것이다.

그 깨어남을 가능하게 하는 것이 바로 존재 중심 인성교육이며, 이 책이 전하고자 하는 핵심입니다. 지금 이 시대를 살아가는 우리 모두에게, 존재에 대한 깊은 이해와 존중은 교육이 줄 수 있는 가장 위대한 선물이 될 것입니다. 이 책이 그 선물을 함께 나누는 여정에 작은 등불이 되기를 바랍니다.

2025년, 어느 봄날
유충열 드림

다시 묻다, 인간됨에 대하여

— 왜 지금 인성교육인가? —

  우리는 지금, 인공지능이 인간의 사고와 언어를 모방하고, 초연결 사회가 관계의 깊이를 재편하며, 성과와 속도가 인간의 가치를 평가하는 잣대로 자리 잡은 시대를 살고 있다. 기술은 경이롭게 발전하고 있지만, 그 속도만큼 인간의 내면과 본질에 대한 질문은 점점 더 소외되고 있다. 우리는 지금, 효율과 결과 중심의 패러다임 속에서 인간 존재 자체의 의미가 희미해지고 있는 전환의 시점에 서 있다. 그렇기에 오히려 지금, 인간다움의 회복이 그 어느 때보다 절실하다. 우리는 다시 물어야 한다. 인간이란 무엇인가? 인간은 어떤 존재로 살아야 하는가? 그리고, 진정한 교육이란 어디를 향해야 하는가?

  오늘날의 교육 현장은 급변하는 사회 환경 속에서 끊임없는 도전에 직면하고 있다. 단지 지식의 양을 늘리고 정보를 빠르게 습득하는 것을 넘어, 이제는 스스로를 이해하고 타인과 더불어 살아갈 수 있는 존재로 성장하는 것이 교육의 핵심이 되어야 한다. 그러나 지금까지의 인성교육은 외부 규범과 사회적 기대를 따르는 훈육적 모델에 머무르기 일쑤였다. 우리는 이제 새로운 접근이 필요하다. 그것은 인간의 내면을 이해하고, 내면으로부터 우러나오는 변화와 성장을 지향하는 방식이어야 한다.

인성교육은 단순히 바르고 착한 행동을 주입하는 교육이 아니다. 그것은 인간 존재의 깊이를 이해하고, 그 존재가 세상과 관계 맺고 살아가는 데 필요한 내면의 힘을 기르는 여정이다. 그동안 인성교육은 도덕, 예절, 시민성 같은 외형적 규범을 가르치는 방식에 머물러 있었다. 그러나 이 접근은 지속 가능한 변화로 이어지지 못했고, 학생들의 내면에 실제로 영향을 주기 어려웠다. 지금 필요한 것은 인간의 내면 작동 원리를 이해하고, 그 기초 위에서 변화와 성장을 돕는 새로운 교육 패러다임이다. 바로 '존재 중심 인성교육'이 그 해답이다.

존재 중심 인성교육은 인간을 다섯 가지 기질의 통합적 존재로 본다: 본능(욕구), 이성(사고), 양심(도덕적 기준), 감정(정서의 흐름), 정서(반응의 패턴과 공감). 이 다섯 가지 기질은 단순한 심리적 특성이나 행동 유형이 아니라, 인간이 세상을 인식하고 반응하며 의미를 구성하는 내면의 원천이다. 이 기질들을 기반으로 한 접근은 인간을 보다 총체적으로 이해할 수 있는 틀을 제공하고, 이를 바탕으로 각 기질에 맞는 질문과 개입 방식을 통해 인성의 근본을 깨우는 교육을 가능하게 한다.

이러한 교육은 단지 지식을 전달하는 것을 넘어서, 존재를 자각하게 하고 삶을 성찰하게 하며, 타인과의 관계 속에서 진정한 연대와 책임을 배울 수 있게 한다. 인간이 자기 안의 본능을 인식하고, 이성을 통해 선택하며, 양심으로 방향을 정하고, 감정을 통해 의미를 느끼고, 정서로 타인과 연결될 때, 우리는 비로소 인간답게 살아갈 수 있다. 존재 중심 인성교육은 바로 이 과정을 가능하게 하는 질문과 대화를 중심에 둔다.

지금 이 시대의 교육이란 무엇이어야 하는가? 단지 정답을 빠르게 찾는 능력이 아니라, 더 깊은 질문을 던지고 그 질문 속에서 자신을 탐색할 수 있는 용기를 길러주는 것이어야 한다. 존재는 질문을 통해 깨어나고, 질문은 코칭이라는 열린 대화를 통해 생명력을 갖는다. 코칭은 단순한 기술이 아닌, 존재를 향해 귀 기울이는 태도이며, 인간을 있는 그대로 존중하고 그 가능성을 믿는 교육 철학이다.

이 책은 그러한 여정을 위한 안내서이다. 지금 왜 인성교육인가? 그것은 단지 교실에서 아이들을 얌전히 만들기 위함이 아니다. 인간을 다시 인간답게 하기 위해서이며, 존재의 목소리에 귀를 기울이고 그것을 존중하며 함께 살아가기 위해서다. 그리고 그 출발은 언제나 한 사람, 한 질문, 한 대화에서 시작된다.

존재 중심 인성교육은 하나의 방법론이자 철학이며, 동시에 미래 교육의 새로운 방향을 제시하는 선언이다. 그것은 인간의 본질을 잊지 않으려는 노력이며, 기술 중심 사회에서 더욱 빛나는 인간다움의 회복을 위한 실천이다. 우리는 이제 묻는다: 당신은 누구입니까? 그리고, 당신은 어떤 존재로 살아가고 싶습니까? 이 질문 앞에 정직하게 서는 순간, 인성교육은 진정한 의미를 갖게 된다.

이 프롤로그는 존재 중심 인성교육이라는 새로운 관점의 기초를 다지고, 독자에게 다음 장들에서 펼쳐질 여정의 본질을 알려준다. 우리가 던지는 질문 하나, 존재를 존중하는 태도 하나, 그리고 삶을 성찰하는 대화 하나가 인성의 씨앗이 되어 세상을 바꿀 수 있다는 믿음으로, 이제 그 여정을 함께 시작해보자.

차례

제1부 인성교육의 새로운 패러다임

제2부 인성의 5대 기질과 존재 중심 코칭

제3부 실천과 확산 전략

제1부

인성교육의 새로운 패러다임

AI 시대, 인성의 지형 변화

　AI, 빅데이터, 로봇공학, 그리고 생성형 AI의 눈부신 발전은 사회 구조, 직업 환경, 그리고 인간의 사고와 행동 패턴을 근본적으로 변화시키고 있다. 자동화와 인공지능이 많은 영역에서 인간의 역할을 대체하면서, 단순한 지식과 기술 중심의 교육만으로는 더 이상 미래 사회에서 요구되는 역량을 충족할 수 없다. 향후 사회에서 경쟁력을 좌우하는 핵심은 기술이 흉내낼 수 없는 인간 고유의 능력, 즉 깊이 있는 공감 능력, 창의성과 상상력, 윤리적 판단력, 그리고 자기 성찰과 자기 조절 능력과 같은 내면적 자질이다. 이러한 변화는 인성교육이 단순한 덕목 전달을 넘어, 변화하는 환경 속에서 인간의 존재와 가치를 재정립하고, 주체적인 삶의 방향성을 설계하도록 돕는 방향으로 전환되어야 함을 강하게 시사한다. 또한,

인공지능 시대에는 인간 고유의 인성적 역량이 기술과 협력하여 새로운 시너지를 창출할 수 있는 능력으로 확장되어야 하며, 이는 곧 교육 패러다임의 전면적인 재구성을 요구한다.

토마스 레너드의 코칭 철학과 존재 중심 접근

현대 코칭의 창시자 중 한 명인 토마스 레너드는, 인간의 잠재력을 깨우고 본질을 드러내는 '존재 중심' 대화를 핵심 철학으로 삼았다. 그는 15가지 코칭 전문역량을 통해 학습자가 자기 인식을 심화하고, 자신을 온전히 수용하며, 스스로의 강점과 가능성을 발견하게 했다. 존재 중심 접근은 교육의 목표를 '무엇을 할 수 있는가'보다 '어떤 존재가 될 것인가'에 두며, 학습자가 자신의 가치와 인생의 목적을 명확히 하고 이를 구체적이고 지속 가능한 행동으로 연결하도록 돕는다. 이 철학은 인성교육과 결합될 때 단순한 행동 지침이 아닌, 학습자의 삶에 본질적인 전환점을 제공하는 교육으로 발전한다. 나아가, 존재 중심 코칭은 학습자가 자신과 타인을 존중하고, 도전 속에서도 자기 일관성을 유지하며, 사회적 책임을 다하는 성숙한 인격으로 성장하도록 지원한다.

인성의 5대 기질: 존재를 구성하는 내적 기반

인성의 기질은 본능, 이성, 양심, 감정, 의지라는 다섯 축으로 구성되며, 이는 개인의 성격 형성, 행동 패턴, 가치관 확립에 깊은 영향을 미친다. 본능은 생존과 직결된 반응과 욕구를 담당하며, 이성은 논리적 분석과 합리적 판단을 가능하게 한다. 양심은 도덕적 기준과 책임감을 부여하며, 감정은 관계 속에서의 공감과 소통을 촉진하고, 의지는 목표를 설정하고 이를 끝까지 실행하는 추진력을 제공한다. 존재 중심 인성교육은 이 다섯 기질을 균형 있게 계발함으로써, 한쪽으로 치우치지 않는 통합적 성장을 이끈다. 이러한 교육을 받은 학습자는 자기 이해를 바탕으로 타인과의 관계에서 성숙한 태도를 유지하고, 공동체 속에서 긍정적인 영향력을 발휘하며, 변화와 도전에 유연하게 대응할 수 있다. 이는 단지 개인적 성공을 넘어, 사회 전체의 건강성과 지속 가능성을 높이는 핵심 요소가 된다.

제1장

AI 시대, 인성의 지형이 바뀐다

우리는 지금 '무엇을 아는가'보다 '어떤 존재로 살아가는가'가 더 중요해지는 시대에 살고 있다. AI는 인간의 정보를 넘어서 사고하고, 판단하며, 때로는 감정을 모방하기도 한다. 하지만 그 모든 기능을 갖춘 AI는 결코 인간의 진짜 질문에 답할 수 없다. "나는 누구인가?", "왜 살아야 하는가?", "무엇이 진정한 나인가?"와 같은 물음은 오직 인간만이 던지고 탐색할 수 있는 본질적인 질문이기 때문이다.

기존 인성교육이 놓치고 있는 중요한 핵심, 즉 '존재로서의 인간'을 어떻게 회복할 것인가를 탐색하려 한다. 우리는 그동안 인성을 '행동의 문제', '도덕의 실천', 또는 '규범의 내면화'로 접근해 왔다. 그러나 AI 시대의 청소년은 더 이상 외적인 지침이나 정답 중심의 학습으로 변화하지 않는다. 그들은 자기 내면에 근거한 선택과 감정, 관계의 진정성을 통해 스스로 존재의 의미를 찾아가야 한다.

AI가 모든 정답을 제공해줄 수 있는 시대에 우리가 인성을 논하는 이유는 단 하나이다. 인간은 단지 정답을 말하는 존재가 아니라, 질문을 살아내는 존재이기 때문이다. 그 질문은 삶의 방향을 바꾸고, 관계를 다시 쓰고, 감정을 이해하며, 결국 존재 전체를 재구성하는 힘을 가진다.

이 장에서는 이러한 문제의식 아래 다음과 같은 흐름으로 이야기를 전개할 것이다. 첫째, 오늘날 인성교육이 어디에서 길을 잃었는지를 조망하고, 둘째, AI 기술의 확산이 인성의 구성 방식에 어떤 영향을 미치는지를 살펴볼 것이다. 셋째, 기존 인성교육의 한계를 비판적으로 성찰하고, 넷째, 존재 중심 인성교육이라는 새로운 패러다임을 제안할 것이다. 마지막으로, 존재 중심 코칭이 어떻게 인성교육에 새로운 길을 제시할 수 있는지 구체적으로 논의할 것이다.

이 모든 흐름은 단 하나의 중심을 향해 나아간다. 인성은 더 이상 가르침이 아니라, '존재로의 초대'라는 것이다. AI 시대, 우리는 교육을 통해 인간다움을 복원해야 하며, 그 핵심은 자기 존재에 대한 인식에서 출발해야 한다.

1. 인간의 교육, 어디에서 길을 잃었는가

우리는 오랫동안 인성을 '가르치는 것'이라 믿어왔다. 인성은 '착하게 행동하는 법', '예의 바른 태도', '도덕적 판단력'으로 요약되었고, 이는 교과서나 규범의 틀로 정리되어 교육되어 왔다. 그러나 인간 존재는 행동의 조합이 아니다. 인성은 단지 외적인 규범이나 행동 패턴이 아니라, 존재의 방식이며 관계의 감각이며, 감정과 사고가 결합된 복합적 구조다.

오늘날 교육 현장은 여전히 정답 중심의 체계 속에 있다. 평가와 점수는 아이의 가치를 정의하고, 사고보다 암기를, 존재보다 수행을 중요시하는 시스템이 작동한다. 도덕 교육 역시 행동의 기준을 외우게 하는 데 그치며, '왜', '무엇을 위해', '나는 누구인가'라는 본질적 질문은 배움의 테이블에서 밀려나 있다. 이로 인해 학생들은 자기 존재를 바라보는 기회를 잃고, 규범에 맞는 인형처럼 길러지거나, 반대로 그 틀을 거부하며 방황하는 두 극단으로 나뉘는 현상이 나타난다.

더 나아가, 우리는 교육을 통해 인간의 생각과 태도를 형성할 수 있다고 믿어왔지만, 실제로는 감정, 감각, 가치, 에너지, 태도, 리듬이라는 훨씬 더 미세하고 복합적인 요소들이 인성을 구성하고 있다는 점을 간과해왔다. 인성은 단일한 교과나 단편적 훈육으로 길러지는 것이 아니라, 삶 전체에서 길러지고 깎여지고 정제되는 것이다. 그리고 그 과정에는 반드시 "자기 인식"과 "존재에 대한 경청"이 포함되어야 한다. 교육은 행동을 고치기 위한 것이 아니라 존재를 회복시키기 위한 대화이어야 하며, 그 대화는 외부로부터 시작되는 것이 아니라, 존재 그 자체로부터 깨어나야 한다.

2. 인공지능이 바꾸는 인성의 조건들

AI는 인간보다 더 빠르고 정확하게 정보를 처리한다. 아이들은 이제 교사보다 유튜브에서 더 많은 정보를 얻고, 검색 엔진은 부모보다 빠르게 대답해준다. 이 디지털 환경 속에서 청소년들은 '생각'보다 '선택'의 피로에 지친다. 무엇이 진짜인지보다 무엇이 더 클릭이 많이 되었는지가 중요해지고, 진정성과 연결보다 즉각성과 흥미가 우선시된다.

이러한 변화는 인성의 작동 방식 자체를 바꿔놓는다.

- 정체성은 내면에서 찾는 것이 아니라, SNS 프로필로 만들어지고
- 인내심은 깊은 호흡이 아니라, 로딩 시간 안에 결정되며
- 공감은 실제 만남이 아니라, 이모티콘으로 대체된다.

게다가, 디지털 기술은 인간의 의사결정 과정조차 대체하고 있다. 오늘날의 청소년은 직접 선택하고 실패를 경험할 기회를 충분히 얻지 못하고 있다. 알고리즘은 그들이 클릭할 다음 콘텐츠를 추천하고, 데이터는 그들이 무엇을 좋아해야 할지 미리 결정한다. 이처럼 AI는 인간의 내적 탐색을 건너뛰게 만드는 속성을 갖고 있다. 그 결과, 인간은 점점 자기 자신의 감정, 가치, 방향성을 읽는 능력을 상실하게 된다.

AI 시대의 청소년은 '정보의 홍수' 속에 살지만, 동시에 '존재의 고립'을 경험한다. 혼자 있는 시간은 많지만, 자기 자신과 마주하

는 시간은 없다. 친구는 많지만, 진짜 관계는 없다. AI는 편리함과 효율을 제공하지만, 인간만이 줄 수 있는 '의미'와 '관계성'은 점점 더 잊혀지고 있다. 이러한 상황에서 인성은 그 어느 때보다 내면의 뿌리를 갖춘 힘, 즉 자기 인식, 자기 수용, 자기 설계의 능력으로 정의되어야 한다.

AI는 우리가 빠르게 움직이고 더 많이 알고, 더 빨리 반응하게 해주지만, 인간다움은 느림과 멈춤, 존재의 울림 속에서 비롯된다. 따라서 인성교육은 이제 AI가 도달할 수 없는 영역, 바로 '존재의 깊이'로 들어가야 한다.

3. 기존 인성교육의 한계

기존 인성교육은 세 가지 관점에서 AI 시대와 어긋난다.

외재적 통제 중심

잘못된 행동을 고치는 방식, 외적 규범을 내면화시키는 방식은 이제 청소년에게 통하지 않는다. 그들은 '이유 없는 통제'를 거부하고, '자기 의미'가 없는 행동을 지속하지 않는다. 그저 말 잘 듣는 아이가 아닌, '왜 그 말을 들어야 하는지'를 묻는 존재로 진화하고 있다.

정답 중심의 대화

　대부분의 교육은 질문이 아닌 정답을 중심으로 구성되어 있다. 그러나 청소년은 삶에 대한 자기 질문을 갖고 있으며, 그 질문에 정답은 없다. 그들에게 필요한 것은 '경청'과 '함께 묻는 자세'다. 질문 없는 교육은 탐색 없는 성장을 낳는다.

존재보다 수행 중심

　우리는 여전히 '잘하는 아이', '문제없는 아이'를 이상으로 여긴다. 그러나 존재는 항상 불완전하며, 진짜 인성은 그 불완전성을 끌어안고 성장하는 데 있다. 존재의 무게를 인정하지 않은 인성은 피상적인 규범에 머무를 뿐이다.

　더불어 기존 인성교육은 감정을 도외시하거나, 단순히 억제의 대상으로 본다. 그러나 감정은 존재의 언어다. 감정을 해석하고 수용하지 못하는 교육은 존재를 침묵하게 만든다. 지금 청소년은 자신이 왜 화가 나는지, 왜 슬픈지, 왜 무기력한지를 설명할 언어가 없다. 그것은 우리가 가르치지 않았기 때문이다. 감정을 억누르거나 무시하는 것은 존재의 중요한 단면을 삭제하는 것이다.

4. 새로운 인성교육의 패러다임

AI 시대의 인성교육은 단지 '좋은 행동'을 가르치는 것이 아니라, 청소년이 자기 자신을 이해하고, 감정을 수용하며, 삶을 스스로 설계하도록 돕는 존재 기반 교육으로 전환되어야 한다. 여기에는 다음과 같은 패러다임의 전환이 필요하다.

기존 인성교육	새로운 존재 중심 인성교육
정답 전달 중심	질문 기반 탐색 중심
규범 주입 방식	가치 자각 방식
외재적 통제	내재적 동기 자극
감정 억제	감정 수용과 해석
결과 중심	과정 중심
수행 강조	존재 존중
이상 강요	불완전성 수용

이러한 전환은 단지 방법론의 문제가 아니라, 교육 철학의 근본적인 재설계를 요구한다. 인간은 외부에서 조종받는 기계가 아니며, 내면의 목소리를 듣고, 자기 삶을 주도하고 싶어 하는 존재다. 인성은 바로 그 내면을 중심에 두고 설계되어야 한다.

5. 존재 중심 코칭이 인성교육에 주는
새로운 가능성

이러한 전환의 중심에 '코칭'이 있다. 특히 존재 중심 코칭(Existential Coaching)은 인성의 5대 기질(욕구, 이성, 양심, 감정, 정서)을 교육적으로 접근할 수 있는 강력한 틀을 제공한다. 코칭은 다음의 방식으로 기존 인성교육의 한계를 극복한다.

- 정답을 주지 않고, 질문을 통해 자기 탐색을 이끈다.
- 문제를 해결하지 않고, 존재를 드러내고 수용한다.
- 감정을 억누르지 않고, 감정 안의 메시지를 해석하도록 돕는다.
- 가르치기보다 함께 발견하는 대화를 통해 자기 주도성을 회복시킨다.
- 학생을 '지도' 하는 것이 아니라, '동행' 하고 '경청' 하며, 거울처럼 비춰준다.

존재 중심 코칭은 청소년을 '바꾸려는 대상'이 아니라 '깨어날 존재'로 본다. 문제를 고치기보다, 그 문제를 가진 존재로서 수용하고 함께 탐색한다. 그 안에서 청소년은 억압 없이 자기 자신을 바라보며, 선택과 실천의 주체로 서기 시작한다. 인간은 본래 완전한 존재가 아니라, 깨달아 가는 존재이며, 코칭은 그 여정을 가능케 하는 안내자이다.

6. 결론:
존재로서의 인성을 회복하자

AI는 우리보다 더 많은 것을 알고, 더 빨리 계산하고, 더 효율적으로 안내할 수 있다. 하지만 AI는 인간의 고통에 공감하지 못하고, 존재의 흔들림을 이해하지 못한다. 인성은 지식이 아니라 존재의 방식이며, 그 존재는 질문과 감정, 관계와 선택 속에서 살아 숨 쉬는 것이다.

AI 시대의 인성교육은 존재에 대한 물음에서 시작되어야 한다. 그 시작점에서 우리는 반드시 이렇게 묻게 될 것이다.

"당신은 누구입니까?"
"당신은 지금 무엇을 느끼고 있습니까?"
"당신은 어떤 존재로 살아가고 싶습니까?"

이 책은 그 질문에 코칭을 통해 답하고자 한다. 그리고 그 질문은, AI가 결코 줄 수 없는 사람의 질문이며, 그 대답은, 교과서가 아닌 존재와의 대화 속에서 탄생할 것이다.

제2장

토마스 레너드의 코칭 철학과
존재 중심 접근

코칭의 본질은 단순한 문제 해결이나 목표 달성이 아닌, 존재 그
자체를 깊이 이해하고 존중하는 데 있다. 이 장에서는 현대 코칭의
창시자 중 한 명인 토마스 레너드(Thomas Leonard)의 코칭 철학과
그 철학에 기반하여 발전된 "존재 중심 코칭"의 개념을 소개한다.

토마스 레너드는 코칭을 삶의 본질에 대한 탐색으로 간주했다.
그는 인간을 고쳐야 할 존재가 아니라, 본래의 가능성을 실현할 수
있도록 안내받아야 할 존재로 바라보았다. 그의 코칭은 단순한 행
동 수정이나 성과 향상에 머물지 않고, 내면의 리듬과 감정, 욕구,
가치에 기반하여 삶을 새롭게 바라보게 하는 데 목적을 두었다.

존재 중심 코칭은 이러한 레너드의 철학을 계승하면서, 인간 존
재의 5대 기질(욕구, 이성, 양심, 감정, 정서)을 탐색의 축으로 삼는다.
각 기질은 인간의 반응과 선택, 정체성과 행동을 형성하는 중요한
구성요소로서, 이 기질을 통해 코치는 고객의 존재적 패턴을 인식

하고 그 안에 숨겨진 가능성을 이끌어낸다.

이 장의 도입에서는 먼저 토마스 레너드의 핵심 철학과 그의 Proficiencies(전문역량)의 방향성을 살펴본다. 이어서 존재 중심 접근이 오늘날의 인성교육, 자아 성장, 그리고 코칭 실천에 어떻게 연결되는지를 개관하고, 후속 장에서는 이를 실제 대화와 사례, 훈련 체계로 구체화한다.

존재 중심 코칭은 더 이상 문제를 해결하는 도구가 아니라, 사람을 깊이 만나는 방식이다. 이 철학은 인공지능 시대에도 결코 대체될 수 없는 인간다움의 핵심으로, 코치와 고객 모두에게 깊은 변화와 성숙을 가져다줄 수 있다.

1. 코칭은 존재를 깨우는 대화다

토마스 레너드는 현대 코칭의 아버지로 불리며, 코칭을 단순한 문제 해결이나 목표 달성을 위한 도구로 보지 않았다. 그는 코칭을 '존재를 깨우는 대화'로 정의했으며, 이를 통해 개인이 자기 내면의 본질과 마주하게 하는 여정을 중시했다. 레너드는 인간은 근본적으로 완전하며, 코치는 그 완전성을 인식하고 밖으로 드러나도록 도와주는 촉진자 역할을 수행한다고 보았다.

이러한 접근은 기존 교육의 틀, 특히 청소년 인성교육에 커다란 도전과 변화를 제시한다. 전통적인 인성교육은 주로 규범 내면화, 행동 수정, 도덕 교육의 형식을 따르며, 학생을 일정한 기준에 맞추려는 시도를 해왔다. 그러나 존재 중심 코칭은 이와는 정반대로,

청소년 각각의 존재를 있는 그대로 수용하고, 그 안에 잠재된 욕구, 감정, 재능, 가치, 비전 등을 존중하며 탐색하는 과정을 중심에 둔다.

청소년기는 자신의 정체성을 형성하고 삶의 방향성을 설정하는 중요한 시기이다. 이 시기에 '너는 이미 충분하다'는 메시지를 받는 것, 그리고 그 메시지가 언어와 태도, 관계를 통해 일관되게 전달되는 것은 그들의 자존감 형성과 자기효능감 확립에 결정적 영향을 준다. 코칭은 바로 이러한 메시지를 대화로 풀어내는 방식이며, 교사나 부모는 코치의 역할로 전환되어야 한다.

코칭 대화는 표면적인 문제 해결에서 멈추지 않고, 학생 스스로가 자신의 삶을 의미 있게 바라보고, 존재로서 살아가는 이유와 목적을 탐색하도록 유도한다. 이러한 접근은 청소년에게 단순한 지식 전달이 아니라, 자기 자신을 이해하고 수용하며 새로운 가능성을 발견하는 '존재의 학교'를 제공한다. 더불어 이러한 대화는 자율성과 자기 결정성을 강화시키며, 청소년의 내면을 외부의 평가 기준이 아닌 자기 기준으로 살아가도록 이끈다. 이처럼 코칭은 교육에서 사라져가는 인간 중심의 철학을 복원하는 역할을 한다.

토마스 레너드가 정립한 15가지 코칭 Proficiencies(전문역량)는 존재 중심 코칭을 실천하기 위한 체계적이고 구체적인 지도이다. 이 역량들은 단순한 기술이 아닌, 코치의 태도, 인식, 관계 맺는 방식에 대한 통합적 성찰을 포함하며, 청소년 인성교육에서 특히 다음과 같은 방식으로 적용될 수 있다:

Enjoys the client immensely(고객을 진심으로 즐긴다): 진심으로 청

소년을 좋아하고 그들과 함께하는 시간을 즐기는 태도는, 존재를 존중받는 가장 강력한 경험을 제공한다. 이 역량은 특히 교사-학생 관계에서 신뢰를 형성하는 토대가 된다.

Reveals the client to themselves(자기 자신을 드러내도록 돕는다): 질문과 경청을 통해 청소년이 자기 자신을 새롭게 인식하게 돕는다. 이는 자기 수용의 기초가 되며, 깊은 자기 이해를 촉진한다.

- Elicits greatness(위대함을 끌어낸다): 청소년 스스로는 인식하지 못하는 가능성과 재능을 발견하도록 유도한다. "너 안에 이런 잠재력이 있어"라는 언어는 존재의 가능성을 현실로 이끌어 낸다.
- Navigates via curiosity(호기심으로 탐색한다): 정답을 요구하지 않고, 함께 질문을 품고 탐색하는 대화는 창의성과 자율성을 기른다. 이는 코칭이 제공하는 자유로운 학습 환경의 핵심이다.
- Shares what is there(있는 그대로를 나눈다): 판단 없는 관찰과 정직한 피드백은 청소년에게 깊은 신뢰감을 형성한다. 이는 교사와 학생 간의 위계적 관계를 수평적 대화 관계로 바꾸는 힘이 있다.
- Designs supportive environments(지지적 환경을 설계한다): 코치는 신뢰와 안전을 기반으로 한 환경을 설계함으로써 청소년이 자신의 감정과 욕구를 편안하게 표현할 수 있게 돕는다. 이는 물리적 환경뿐 아니라 심리적·정서적 환경까지 포함된다.
- Communicates cleanly(명료하게 소통한다): 혼탁한 언어나 이중

메시지를 피하고, 명료하고 직접적인 언어로 의사소통함으로 써 신뢰를 구축한다. 이는 청소년이 혼란 없이 대화를 이해하고 자신도 그렇게 말할 수 있도록 돕는다.

- Champions the client(고객을 옹호한다): 청소년이 타인의 기대나 평가에 흔들리지 않고 자기 목소리를 낼 수 있도록 지속적으로 지지하고 격려한다. 이는 교사나 보호자가 권위적 태도를 내려놓고 진정한 후원자로 서는 것을 의미한다.

이러한 Proficiencies는 '기술'이라기보다 '태도'이며, 교육의 언어, 시선, 구조를 바꾸는 핵심 요소들이다. 코칭 역량이 교사들의 기본 소양이 될 때, 인성교육은 형식적 지도를 넘어 전인적이고 변혁적인 실천으로 진화하게 된다.

2. 코칭은 인성교육의 새로운 언어가 된다

오늘날의 청소년은 더 이상 위계적 권위나 도덕적 당위에 쉽게 반응하지 않는다. 그들은 자기 이야기를 들어주고, 판단하지 않으며, 함께 길을 찾아주는 어른을 원한다. 코칭은 바로 이러한 시대적 요구에 부합하는 새로운 교육 언어를 제공한다. 이는 단지 표현 방식의 변화가 아니라, 존재를 인식하는 방식의 근본적 전환을 의미한다.

코칭 언어의 핵심 구조

1. 비판에서 인식으로: 문제를 지적하기보다 현상을 있는 그대로 인식하고 받아들이는 언어. "이건 틀렸어" 대신 "이 상황에서 네가 느꼈던 건 뭐였을까?"
2. 지시에서 질문으로: 행동 지시가 아닌 자기 주도적 선택을 유도하는 질문. "이걸 해라" 대신 "이 상황에서 네가 중요하게 생각하는 건 뭐야?"
3. 평가에서 공감으로: 행동에 대한 평가보다 감정과 욕구에 귀 기울이는 공감적 언어. "왜 그렇게밖에 못했어?" 대신 "그럴 수밖에 없었던 너의 마음은 어땠을까?"
4. 결과에서 의미로: 성취나 결과보다는 그 과정의 의미를 되묻는 질문. "몇 점 받았니?"보다 "그 과정을 통해 네가 느낀 건 뭐였어?"
5. 문제에서 가능성으로: 문제 진단이 아닌 가능성 발견의 언어로 전환. "이게 잘 안됐어"가 아니라 "이 경험에서 무엇을 시도해볼 수 있을까?"

이러한 언어의 변화는 교육의 본질적 전환을 이끈다. 학생들은 더 이상 평가받는 존재가 아니라, 자신의 내면을 탐색하고 표현할 수 있는 능동적 존재로 자리 잡게 되며, 이는 인성교육의 목표와도 정확히 일치한다.

3. 존재 중심 코칭의 확장 가능성

존재 중심 코칭은 교실을 넘어, 또래 간 소통, 가족 관계, 온라인 커뮤니케이션 등 다양한 영역으로 확장될 수 있다. 특히 AI 디지털 시대에는 일방적 지식 전달보다 '자기 이해'와 '내면 통찰'의 역량이 더욱 중요해지고 있으며, 이는 코칭의 장점과 직접적으로 연결된다. 코칭적 접근은 디지털 공간에서도 적용 가능하며, 디지털 코칭 플랫폼, 감정 인식 인터페이스, 메타버스 기반 시뮬레이션 코칭 등과 결합해 교육의 미래를 더욱 확장시킬 수 있다.

청소년 스스로가 코칭 언어를 내면화하고 실천하게 되면, 그들은 자기 삶을 능동적으로 구성하고, 또래와의 갈등을 평화적으로 조율하며, 미래에 대한 비전을 구체화할 수 있는 '자기 삶의 저자'로 성장하게 된다. 이러한 내면의 전환은 표면적 행동 수정이나 규범 교육으로는 불가능한, 코칭만의 고유한 힘이다.

4. 결론

토마스 레너드의 코칭 철학은 청소년 인성교육에 있어 필수적인 통찰을 제공한다. 그는 '존재를 깨우는 대화'를 통해 인간의 본질을 회복하고, 그 가능성을 실현하게 만드는 길을 열었다. 오늘날 청소년 교육은 지식 중심, 시험 중심, 통제 중심의 한계를 넘어서야 하며, 코칭은 그 대안을 제시한다.

존재 중심 인성교육은 청소년이 자기 존재의 진실과 마주하고,

스스로를 존중하며, 자신만의 고유한 길을 만들어갈 수 있도록 돕는 여정이다. 코칭은 그 여정을 함께 걷는 신뢰할 수 있는 동반자로서, 교사와 부모, 교육자는 모두 그 역할을 새롭게 받아들여야한다. 이제 인성교육은 도덕적 강요나 외적 통제가 아닌, 존재를 중심에 둔 깊은 대화와 호기심의 여정을 통해 실현되어야 하며, 그 중심에는 토마스 레너드의 철학이 살아 숨 쉬고 있다.

제3장

인성의 5대 기질:
존재를 구성하는 내면의 토대

우리는 종종 인간을 행동과 성과로 판단하려는 경향이 있다. 그러나 존재란 단순한 외적 결과물 이전에, 내면에서 일어나는 감각과 감정, 반응과 의미의 흐름이다. 이러한 내면의 움직임은 어디에서 비롯되는가? 그 근원에는 인간의 기질이 있다. 기질은 우리가 세상을 받아들이고 해석하며 반응하는 방식의 뿌리다. 이것은 고정된 성격 유형이 아니라, 존재의 깊은 구조이자 작동 원리다.

오늘날 청소년은 정보의 홍수 속에서 살고 있다. 수많은 지식과 자극 속에 있으면서도, 정작 자신이 어떤 존재인지, 왜 그런 감정을 느끼는지, 무엇을 향해 나아가고 있는지에 대한 내적 탐색은 빈약하다. 이때 인성교육은 더 이상 단순한 도덕 훈육이나 사회적 규범 주입만으로는 부족하다. 존재 자체를 이해하도록 돕는 교육, 그 중심에 기질에 대한 이해가 놓여야 한다.

기질은 우리가 태어날 때부터 갖는 생물학적 기반이면서도, 성장 과정 속에서 정서적 경험과 사회적 상호작용을 통해 형성되고 조율된다. 욕구, 이성, 양심, 감정, 정서라는 다섯 가지 기질은 인간의 내면을 구성하는 다섯 개의 주파수이며, 각기 다른 리듬과 메시지를 가지고 있다. 이 기질들이 어떻게 조화되느냐에 따라 한 인간의 삶의 톤(tone)이 결정된다.

존재 중심 코칭이 말하는 '깨어 있는 삶'은 바로 이 기질의 언어를 듣는 것에서 시작된다. 기질을 이해하지 못하면 우리는 타인의 감정을 오해하고, 자신의 반응을 억누르게 되며, 왜 반복되는 실패를 겪는지 깨닫지 못한다. 반대로 기질을 인식하고 존중하게 되면, 자신과 타인을 있는 그대로 받아들이는 힘, 곧 인성의 뿌리를 얻게 된다.

제2장은 이러한 기질의 중요성과 교육적 의미를 소개하고, 다섯 가지 기질을 통해 인성을 재해석하려는 시도의 출발점이다. 이후의 장에서는 각각의 기질이 어떤 특성을 가지고 있으며, 청소년 시기에 어떻게 발현되고, AI 시대에는 어떤 도전과 기회를 갖는지를 심도 깊게 다룰 것이다. 이 장은 단지 이론적 개요가 아니라, 존재를 향한 경청의 문을 여는 실천적 초대다.

1. 왜 기질을 주목해야 하는가

4차 산업혁명과 AI 기술의 비약적 발전은 인간의 일과 관계, 사고방식, 정체성에 이르기까지 전방위적으로 변화를 일으키고 있다. 특히 청소년 세대는 디지털 기술과 함께 성장하면서, 외부 자극에 민감하고 내면의 혼란을 경험하는 일이 잦아졌다. 이와 같은 시대에 인성교육은 단순한 도덕적 훈육이나 지식 전달만으로는 부족하다. 진정한 인성교육은 인간 존재의 심층 구조, 곧 기질에 대한 이해로부터 시작되어야 한다.

기질은 단순히 기분이나 성격의 일시적인 경향이 아니라, 인간 존재의 가장 근원적인 반응성의 구조이며, 내면의 생태계다. 이는 마치 음악의 리듬이나 색채의 주조와 같아, 사람마다 고유한 정서적, 인지적, 행동적 패턴을 만들어낸다. 기질은 성격의 기초이며, 사고, 감정, 태도, 동기, 신념의 방향성을 형성한다.

청소년기는 기질이 구체적 삶의 상황 속에서 발현되기 시작하는 시기로, 급격한 감정 변화, 관계의 갈등, 자아 정체성의 혼란 등을 겪으며 그 반응성이 뚜렷해진다. 교육자나 부모가 이를 이해하지 못한 채 행동만 교정하려 한다면, 오히려 청소년은 자신을 억압당한다고 느끼며 반발하거나 내면화된 부정적 자기 인식을 형성하게 된다. 따라서 기질을 이해하는 것은 청소년 인성교육에서 단지 유익한 요소를 넘어선, 본질적 전제가 되어야 한다.

기질을 이해한다는 것은 단지 인간의 특징을 분류하거나 설명하는 데 그치지 않는다. 그것은 곧 인간 존재를 구성하는 심층의 에너지 구조를 이해하는 작업이며, 한 개인이 어떻게 세상을 지각하고 해석하며 반응하는지를 밝혀내는 내면 탐사의 여정이다. 이런 관점에서 기질에 대한 인식은 인성교육뿐 아니라 상담, 코칭, 리더십, 공동체 훈련 등 인간 변화와 성장에 관련된 모든 영역에서 매우 유용한 기반이 된다. 특히 기질이 환경적 자극과 상호작용하며 점진적으로 변화할 수 있다는 점은, 인간이 기질에 갇힌 존재가 아니라 그것을 성장시키고 통합해 나갈 수 있는 가능성의 존재임을 시사한다.

2. 인성의 5대 기질이란 무엇인가

인성은 단순히 도덕적 덕목의 습득이 아니다. 그것은 인간 존재의 근원적인 구조, 즉 내면의 작용과 반응의 패턴 속에서 형성되고 성장하는 삶의 전 과정이다. 존재 중심 코칭의 관점에서 인성을 바라볼 때, 우리는 인간의 내면을 구성하는 다섯 가지 핵심 기질을 주목하게 된다. 이 다섯 기질은 단순히 심리학적 특성이 아니라, 인간이 삶을 살아가며 느끼고 선택하고 반응하는 근원적인 구조를 설명하는 틀이다. 이 장에서는 욕구, 이성, 양심, 감정, 정서라는 다섯 기질을 하나씩 살펴보고, 각 기질이 인성 형성에 어떤 역할을 하며 존재 중심 코칭에서는 어떻게 접근하는지를 다룬다.

이 다섯 기질은 인간이 누구인지, 왜 그렇게 반응하는지, 무엇을 추구하며 살아가는지를 이해하는 데 필수적인 열쇠다. 각각의 기질은 개별적으로 작용하는 것처럼 보이지만, 실제로는 서로 깊게 영향을 주고받으며 통합적으로 작동한다. 우리는 이 기질들을 단지 교정하거나 통제해야 할 것으로 보아서는 안 된다. 오히려 그것은 인간 존재의 생명력, 고유성, 가능성의 원천이다. 존재 중심 코칭은 이러한 관점에서 각 기질을 탐색하며, 그 안에 담긴 삶의 본질적 질문에 다가가고자 한다. 이 기질은 인성의 틀을 넘어, 존재 전체를 해석하고 변화시키는 핵심 언어로 확장된다.

욕구: 존재의 에너지

욕구는 생존과 성장의 가장 원초적인 에너지다. 인간은 누구나 인정받고 싶고, 소속되고 싶고, 의미 있는 존재가 되고 싶어 한다. 이러한 욕구는 억제되어야 할 것이 아니라, 탐색되어야 할 것이다. 존재 중심 코칭은 청소년의 욕구를 문제로 보지 않고, 그 이면에 숨겨진 정체성과 생명력을 존중하는 질문을 던진다. "그것을 원했던 너는 누구였을까?"라는 질문은 단순한 욕망을 자기 존재의 탐색으로 전환시킨다.

이러한 접근은 청소년이 자신의 욕구를 부끄러워하거나 억누르지 않게 하고, 그 욕구를 통해 스스로에 대한 이해를 넓히는 계기를 마련한다. 특히 충동적 행동이나 집착처럼 보이는 욕구는 그 안에 중요한 존재적 메시지를 품고 있는 경우가 많다. 코칭은 그 욕구를 수면 위로 올려 함께 바라보고 해석함으로써, 내면의 진짜 소리를 들을 수 있도록 돕는다. 이 과정에서 욕구는 억제나 통제의 대상이 아니라, 존재의 불꽃이 된다.

또한, 욕구는 삶의 방향성과도 밀접하게 연결되어 있다. 무엇을 갈망하느냐는 그 사람이 어디로 가고자 하는지를 보여준다. 따라서 코칭은 욕구를 단순히 조절의 문제가 아닌, 존재의 나침반으로 다룬다. 어떤 욕구는 억눌림을 통해 왜곡되기도 하지만, 코칭을 통해 진실한 갈망의 본래 모습을 회복할 수 있다. 코치는 그 갈망을 단서 삼아 고객이 진정으로 추구하는 삶의 궤적을 함께 설계한다.

욕구는 때로 두려움과 불안의 그림자와 함께 나타난다. 억눌린 욕구는 무의식적인 방식으로 표출되며, 때로는 파괴적인 양상으로 나타나기도 한다. 존재 중심 코칭은 이러한 무의식의 흐름에 주목하고, 억눌린 욕구를 의식화하여 수용 가능한 형태로 전환시키는 것을 돕는다. 이는 단순한 행동 조절이 아닌, 존재 전체를 통합하는 작업이며 코칭의 핵심 중 하나다.

이성: 자기 선택의 근거

이성은 인간이 욕구를 수용하고 조율하며, 삶의 방향을 결정하는 판단의 힘이다. 이성은 정보 처리 능력만이 아니라, 선택을 구조화하는 힘이다. 청소년기에는 다양한 정보와 가치가 혼재하는 상황 속에서 스스로의 기준을 세우는 능력이 중요하다. 존재 중심 코칭은 이성적 사고를 억제하거나 교정하는 것이 아니라, 선택의 근거를 탐색하고 그 배경에 있는 신념과 의미를 함께 다룬다. 이 과정을 통해 청소년은 타인의 기준이 아닌 자기 기준으로 삶을 설계하는 힘을 기르게 된다.

이성은 청소년이 자신의 삶에 책임을 지는 힘을 길러주는 핵심 기질이다. 때로는 혼란스럽고 복잡한 선택의 기로 앞에서 이성은 내면의 나침반이 되어 준다. 존재 중심 코칭은 단순한 판단력을 넘어, 선택에 담긴 존재적 의미를 묻는 질문을 통해 사고의 깊이를 확장한다. "그 결정을 할 때, 무엇이 너에게 가장 중요했니?"라는 질문은 이성의 구조를 들여다보게 하고, 자기 삶의 주체가 되도록 인도한다.

이성은 또한 가치를 구체화하는 능력이다. 무엇을 선택하는가보다 왜 선택하는가를 묻는 질문을 통해, 우리는 이성이 단순한 계산이 아니라 존재의 방향성과 연결된 역량임을 발견한다. 이는 단순히 논리적 판단의 훈련이 아니라, 가치 판단과 자기결정성의 발현으로 이어진다. 코칭은 이성을 수단이 아닌 존재적 주체의 표현으로 존중하며, 깊이 있는 사고와 정체성 형성의 기반으로 삼는다.

양심: 내면화된 이상과 기준

양심은 사회적 가치와 윤리를 내면화한 기질이다. 단지 외부의 규칙을 따르는 것이 아니라, 내면에서 우러나오는 '이상적 나'와의 대화가 바로 양심이다. 양심은 이상과 현실의 긴장을 조절하고, 자기 수용과 반성의 힘을 길러준다. 코칭에서는 양심이 자기비난으로 왜곡되지 않도록 주의하며, 청소년이 자신의 도덕적 기준을 건강하게 재구성하도록 돕는다. "그때의 선택이 너의 기준과 충돌했을 때, 어떤 감정이 있었을까?"와 같은 질문은 내면의 진실과 만나게 한다.

양심은 도덕적 판단력뿐 아니라 자아의 일관성을 유지하는 데 중요한 역할을 한다. 청소년들은 종종 양심과 현실 사이에서 갈등을 경험하며, 이상에 도달하지 못한 자신을 비난하는 경향이 있다. 존재 중심 코칭은 이때 양심을 회복의 통로로 삼는다. "그 기준은 너에게 어떤 의미가 있었을까?", "그 기준을 다시 설정한다면 어떤 모습일까?"와 같은 질문은 청소년의 내면을 비난에서 탐색으로, 수치심에서 자기이해로 전환시킨다. 그렇게 양심은 고통의 원천이 아닌 성장의 자원이 된다.

양심은 또한 관계와 연대의 감수성을 길러주는 기질이다. 나만의 옳음을 주장하는 것이 아니라, 공동체 속에서 나의 기준을 어떻게 세우고 실천할 것인가를 고민하게 만드는 힘이다. 이 기질은 청소년이 윤리적 존재로 성장하도록 돕고, 내면의 도덕적 나침반을 스스로 조율할 수 있도록 하는 핵심적 축이 된다.

감정: 의미를 전달하는 정서의 힘

감정은 단순한 반응이 아니다. 감정은 지금 이 순간 무엇이 나에게 중요한지를 알려주는 신호이며, 존재의 메시지를 전달하는 통로이다. 존재 중심 코칭은 감정을 억누르거나 분석하지 않고, 감정의 의미를 경청하고 해석한다. "그 감정이 너에게 전하려는 메시지는 무엇일까?"라는 질문은 감정 속에 담긴 존재의 소리를 듣게 한다. 감정을 다룰 줄 아는 사람은 자기와 타인의 세계를 이해할 수 있는 힘을 가지게 된다.

청소년기에는 감정의 폭이 크고 자주 요동치기 때문에, 감정은 문제의 원인으로 간주되기 쉽다. 그러나 존재 중심 코칭은 감정을 억제하거나 관리하는 대신, 감정을 해석하고 받아들이는 공간을 제공한다. 감정은 불편한 것이 아니라, 중요한 내면의 언어다. 슬픔, 분노, 질투, 외로움 등의 감정은 모두 어떤 의미를 품고 있으며, 그것을 이해하는 순간 청소년은 스스로에 대한 공감 능력을 키우게 된다.

감정은 또한 표현의 힘이다. 말로 표현하지 못한 감정은 행동이나 몸의 증상으로 나타나기도 한다. 코칭은 이 감정을 억누르기보다는, 안전하게 표현할 수 있는 환경을 조성하며 자기이해와 감정 조절 능력을 함께 키워간다. 감정을 잘 이해하고 다룰 수 있을 때, 청소년은 더 이상 감정에 휘둘리지 않고 감정과 함께 살아가는 법을 배우게 된다.

정서: 반응의 패턴과 공감의 기초

정서는 감정보다 더 깊은 층위에서 작동하는 반응의 패턴이다. 정서는 유년기부터 형성된 감정 반응의 습관으로, 인간관계 속에서 반복적으로 나타난다. 냉소, 방어, 무관심, 과잉 반응 등은 모두 정서 패턴의 표현이다. 코칭에서는 이러한 정서를 변화시키려 하지 않고, 그 의미를 함께 탐색한다. "그 반응은 너를 무엇으로부터 보호하고 있었을까?"라는 질문은 정서를 억압이 아닌 이해의 대상으로 전환시킨다. 정서는 공감의 기초이며, 인간관계의 핵심이다.

정서는 행동을 유발하는 감정의 근원이자, 타인과의 관계에서 자신을 이해하고 표현하는 방식이다. 존재 중심 코칭은 정서를 통해 반복되는 관계의 패턴을 들여다보고, 그 속에 담긴 메시지를 함께 찾아간다. "그 상황에서 항상 그렇게 반응하는 이유는 무엇일까?", "그 반응이 너에게 어떤 안전감을 주었니?"라는 질문은 정서를 비난이나 교정의 대상이 아닌, 존재의 패턴으로 인식하게 만든다. 그렇게 정서는 변화의 열쇠가 된다.

정서는 또한 사회적 연결의 기초이다. 타인의 감정에 반응하고 조율하는 능력은 정서를 통해 형성된다. 그러므로 정서를 이해하고 훈련하는 것은 곧 관계 역량을 기르는 과정이며, 성숙한 인성의 필수 요소다. 코칭은 이러한 정서의 반복을 깨닫게 하고, 더 나은 감정적 선택을 할 수 있도록 돕는다.

이 다섯 기질은 독립된 것이 아니라 상호작용하며 하나의 통합된 인성 구조를 이룬다. 존재 중심 인성교육은 각 기질을 억제하거나 교정하려 하지 않는다. 오히려 그 기질의 의미를 묻고, 그것이어떻게 존재의 힘으로 전환될 수 있을지를 함께 탐색한다. 인성교육이 외부의 기준을 주입하는 시대는 지나갔다. 이제는 질문을 통해 내면의 에너지를 끌어내는 시대다. 이 다섯 기질은 그 질문의출발점이며, 존재의 지도를 그리는 중심 축이다. 이 기질들은 인성교육을 위한 새로운 언어이며, 청소년의 고유한 리듬과 잠재력을해석하는 데 필요한 존재 중심 코칭의 기초가 된다.

이러한 통합적 이해는 교사, 부모, 코치 모두에게 새로운 인식의틀을 제공하며, 각 기질에 맞는 맞춤형 접근을 가능하게 한다. 다음 장에서는 각 기질을 하나씩 더 깊이 탐색하며, 그 기질이 청소년의 삶에서 어떻게 작동하는지, 그리고 그것을 존재 중심 코칭으로 어떻게 길러낼 수 있을지 구체적으로 다루고자 한다.

3. 왜 5대 기질을 인성교육의 틀로 삼는가

기존의 인성교육은 대체로 외적 행동의 규범화, 바람직한 태도의 주입, 혹은 도덕적 모범 사례를 따르게 하는 방식에 치우쳐 있었다. 이러한 접근은 일정 수준의 효과를 가져올 수 있으나, 청소년의 내면적 변화나 지속 가능한 성장을 유도하기에는 한계가 많다. 가장 큰 문제는 이러한 교육이 인간의 '기질' — 즉, 존재의 본성적 에너지 구조와 반응 패턴 — 을 고려하지 않고 표면적 행동에만 초점을 맞춘다는 점이다. 따라서 지속 가능한 인성 형성과 자발적인 태도 변화로 이어지기보다는 일시적인 적응이나 외적 순응에 머물게 된다.

이에 반해, 5대 기질(욕구, 이성, 양심, 감정, 정서)을 인성교육의 중심 틀로 삼는 접근은 다음과 같은 점에서 깊이 있고 실천적인 대안을 제시한다.

존재의 작동 원리를 설명해주는 내면적 틀

각 기질은 인간이 외부 자극에 반응하고, 선택을 내리고, 의미를 부여하고, 관계를 맺는 과정에서 핵심적으로 작용한다. 욕구는 생존과 의미를 향한 에너지이고, 이성은 선택을 구조화하는 판단의 힘이며, 양심은 내면화된 이상과 기준의 지향점이다. 감정은 현재의 의미를 전달하는 내적 신호이며, 정서는 지속적 반응과 관계적 패턴을 형성한다.

이처럼 기질은 인간 존재의 작동 메커니즘을 설명하는 핵심 코드다. 이를 이해하는 것은 단순한 외적 행동을 넘어서 원인에 대한 통찰로 나아가는 길이며, 진정한 자아 성찰과 변화의 출발점이 된다. 이러한 이해는 교육자가 학생을 이해할 수 있는 구조적 틀을 제공하며, 단순한 규율이나 관리가 아니라 인간 중심적 관점에서 접근할 수 있게 해준다.

자기 이해와 자기 수용의 근거 제공

많은 청소년들이 자신의 충동, 감정, 생각을 조절하지 못하고 혼란스러움을 겪는다. 이러한 상황에서 외부의 기준만을 강조하면 자책감이나 회피적 태도만 심화된다. 그러나 자신의 기질을 이해하게 되면, 자신의 반응을 비난하기보다는 "왜 그랬는가?"를 이해하는 관점으로 이동할 수 있다. 이는 자기 인식과 자기 연민을 키우고, 자기 조절과 성장의 자원을 내면에서 끌어낼 수 있도록 돕는다.

기질 이해는 단순한 정보가 아니라 자기 존재를 존중하는 기반이 된다. 이는 청소년들이 자신의 특성과 잠재력을 수용하면서도 건설적인 방향으로 나아갈 수 있도록 해주는 중요한 토대이며, 학습동기나 자존감 형성에도 큰 영향을 미친다.

맞춤형 지도와 관계 형성의 가능성

모든 학생이 동일한 방식으로 배우고 반응하며 성장하지 않는다. 누군가는 감정을 통해 배우고, 누군가는 논리를 통해, 또 다른 누군가는 관계 속에서 의미를 찾는다. 5대 기질에 기반한 접근은 이러한 다양성을 존중하며, 교사나 부모, 코치가 각 기질에 맞는 피드백과 교육 전략을 설계할 수 있게 한다.

이는 '다르게 반응하는' 학생을 문제시하기보다는, 그 다름을 이해하고 존중하는 맞춤형 관계 설계로 이어지며, 신뢰와 지지를 바탕으로 한 교육 환경을 가능하게 만든다. 교육자가 기질에 기반하여 접근할 때, 학생과의 소통이 보다 깊어지고, 학습 과정에서의 갈등이나 오해를 줄일 수 있다.

비판보다 공감, 통제보다 동행을 가능하게 함

기질을 기반으로 한 접근은 청소년의 행동을 비난하거나 평가하는 것이 아니라, 그 이면에 있는 구조를 이해하려는 시도이다. 이는 청소년 스스로 자신의 감정과 행동을 객관적으로 바라보게 하며, 지도자 또한 문제 해결자가 아닌 동행자로서의 위치를 갖게 만든다.

이러한 접근은 비판보다 공감, 통제보다 존중, 명령보다 탐색을 가능하게 하며, 코칭적 관계 속에서 성숙한 인격 형성이 가능하게 한다. 궁극적으로는 청소년과 지도자가 함께 배우고 성장하는 공동 여정을 만들어내며, 권위와 수용이 조화를 이루는 교육 환경이 조성된다.

기질은 코칭과 학습의 통로

각 기질은 고유한 학습 스타일과 성장 경로를 지닌다. 예를 들어, 감정 중심의 학생은 정서적 연결을 통해 학습 효과가 높아지며, 이성 중심의 학생은 논리적 구조 속에서 동기를 느낀다. 욕구 중심의 학생은 목표나 보상을 통해 행동에 나서며, 양심 중심의 학생은 의미와 사명에 반응하고, 정서 중심의 학생은 관계와 일관성을 통해 안정을 추구한다.

이러한 기질에 따라 교육 방식이나 피드백 전략을 달리 적용하면, 학생은 자신의 스타일에 맞게 학습할 수 있고, 자연스럽게 자기 주도성을 갖게 되고 몰입하게 된다. 코칭에서도 기질은 매우 유용한 도구가 되어, 코치가 클라이언트의 내면 언어에 더 깊이 다가갈 수 있도록 돕는다. 기질을 통로로 사용할 때, 배움은 저항이 아닌 흐름으로 이어지며, 교육은 보다 창조적인 관계로 확장된다.

기질 기반 인성교육의 효과

기질 기반 인성교육은 학생들로 하여금 자신의 존재 구조를 이해하고, 그것을 부정하거나 억누르기보다는 수용하고 성장의 자원으로 사용할 수 있도록 이끈다. 이는 타인을 이해하는 공감 능력, 공동체 속에서의 책임감, 내면의 힘을 활용한 자기조절력으로 이어지며, 단기 성과가 아닌 지속 가능한 인격 성장을 유도하는 기반이 된다.

이와 같은 접근은 청소년에게 자기 삶의 주체성을 회복시켜주며, 미래 사회의 다양성과 복잡성에 적응하고 창의적으로 기여할 수 있는 인성을 길러준다. 기질 중심의 교육은 교육의 목적을 단순한 정보 전달이 아닌 인간다운 존재의 성숙으로 재정의하게 만든다.

요약하자면, 기존의 외부 중심, 행동 중심, 결과 중심 인성교육에서 벗어나 기질 중심, 존재 중심, 탐색 중심의 인성교육으로 전환하는 것은 오늘날 복잡하고 다변화된 사회 속에서 더욱 절실해지고 있다. 5대 기질을 중심으로 한 접근은 학생의 존재 그 자체에 집중함으로써, 교육이 억제가 아니라 해방, 통제가 아니라 성장, 지시가 아니라 탐색이 될 수 있음을 보여준다. 앞으로의 장에서는 이 다섯 기질이 구체적으로 어떻게 작동하며, 어떤 질문과 전략을 통해 인성교육의 실제적 도구로 확장될 수 있는지를 탐구하게 될 것이다.

4. 존재 중심 코칭과 5대 기질의 연결

존재 중심 코칭은 인간을 단순히 문제 해결의 대상으로 보지 않고, 존재 그 자체의 고유성과 가능성에 깊이 주목한다. 이는 인간의 내면 깊숙한 진실, 자원, 가능성을 발견하고 끌어내는 여정이며, 인간을 수단이 아닌 목적으로 존중하는 철학에서 출발한다. 코치는 이 여정의 동반자로서, 내면의 작동 원리를 섬세하게 읽고 안내하는 역할을 수행한다. 이때 '기질'은 존재가 자신을 세상에 드러내는 고유한 방식이며, 코칭은 이를 해석하고 조화롭게 발현되도록 돕는 실천이 된다.

기질	존재 중심 코칭의 접근 방식
욕구	기존의 인성교육은 욕구를 억제하거나 통제의 대상으로 여기는 경우가 많았다. 그러나 존재 중심 코칭은 욕구를 삶의 방향성을 가리키는 내면의 나침반으로 간주한다. 욕구를 충족 또는 억제의 이분법으로 바라보는 시각에서 벗어나, 그 속에 숨겨진 존재의 열망과 메시지를 읽어내려는 시도를 한다. 이를 통해 코치는 청소년이 자신의 욕구를 수치심 없이 들여다보고, 그것을 창조적이고 건설적인 방식으로 표현할 수 있도록 돕는다. 또한 욕구를 탐색하는 질문을 통해 정체성과 가치의 실마리를 발견하며, 삶의 목표에 대한 내적인 방향성을 명확히 할 수 있게 된다. 이는 충동적 행동의 근원을 억누르는 것이 아니라, 그 에너지를 전환시키는 실천이다.
이성	이성은 감정을 억제하거나 논리를 강화하기 위한 수단이 아니라, 존재의 의미를 탐색하고 정리하는 내면의 구조적 힘이다. 코칭에서는 이성이 왜곡된 사고 틀과 자동화된 판단을 자각하게 하고, 새로운 관점을 창조하는 프레임 재구성의 도구로 사용된다. 청소년이 선택할 때 무엇을 중요하게 여기는지, 어떤 기준을 바탕으로 결정을 내리는지를 들여다보게 하며, 그 선택에 대해 책임질 수 있는 자율성과 성숙함을 키워준다. 또한 이성은 자신에 대한 설명력과 타자에 대한 이해를 넓히며, 자기 서사의 일관성과 신뢰를 형성하는 핵심 역량이 된다.
양심	양심은 단지 외부에서 주입된 도덕 규범이 아니라, 스스로 '옳다'고 느끼는 내면의 울림이자 존재의 윤리적 핵심이다. 존재 중심 코칭은 이 양심을 억압하거나 과도하게 강조하는 것이 아니라, 안전하고 수용적인 대화를 통해 자연스럽게 드러나게 한다. 실패하거나 실수한 경험 속에서 자기 비난에 머무르지 않고, 회복적 사고를 통해 자기 자신을 통합적으로 수용할 수 있도록 돕는다. 이는 윤리적 이상과 현실 사이의 괴리를 다루는 감수성을 길러주며, 타인과의 관계 속에서 자기 존재를 진실하게 드러낼 수 있는 용기를 제공한다.
감정	감정은 억제해야 할 것이 아니라, 존재가 현재 경험하는 진실의 언어이다. 존재 중심 코칭은 감정을 있는 그대로 받아들이고 경청하며, 그 감정이 지시하는 욕구와 의미를 해석하는 작업을 수행한다. 감정은 단순한 기분이 아니라, 중요한 신호이며 내면과 외부 세계를 연결하는 다리이다. 코치는 감정을 분석하거나 해결하려 들기보다, 감정을 '함께 머무를 수 있는 공간'으로 초대함으로써 청소년이 감정을 자신의 일부로 수용하도록 돕는다. 이는 감정 회피나 과잉 반응의 패턴을 완화하고, 관계 속에서 진정성과 공감 능력을 키워나가게 한다.

정서	정서는 일시적인 감정과는 구별되는, 오랜 시간에 걸쳐 형성된 반응의 패턴이자 존재의 분위기(tone)를 형성하는 기반이다. 존재 중심 코칭은 반복되는 정서적 반응에 내재된 신념과 태도를 탐색하며, 그 이면에 자리한 삶의 이야기를 새롭게 바라보게 한다. 정서는 학습된 습관이자 관계의 역사이기도 하며, 이를 조율하는 과정은 자신과 타인의 상호작용을 재설계하는 일이 된다. 코치는 청소년이 정서적 경향을 알아차리고, 그것을 보다 확장적이고 유연한 태도로 전환할 수 있도록 지원하고 공감의 환경을 제공한다. 정서를 변화시키는 과정은 느리지만, 깊고 근본적인 전환을 가능하게 한다.

존재 중심 코칭은 각 기질이 드러내는 '존재의 방식'을 있는 그대로 수용하고 깊이 해석하며, 그것을 통합된 자아의 구성 요소로 전환시킨다. 이 접근은 단순한 행동 교정이나 감정 조절에 그치지 않고, 인간 존재 전체를 이해하고 성장시키는 교육적 실천이다. 다섯 기질을 중심으로 한 코칭은 청소년이 자신의 내면을 이해하고 존중하는 힘을 기르도록 하며, 동시에 타인과의 관계에서도 깊은 공감과 책임감을 형성할 수 있게 돕는다. 이는 단순한 테크닉이 아닌, 삶을 바라보는 근본적인 철학이자 새로운 인성교육의 패러다임이다.

5. 다음 장 구성 안내

이후 4장부터 13장까지는 각각의 기질을 개별적으로 심층 분석한다. 각 장은 다음의 구성 흐름을 따른다.

• 기질의 정의와 심층 구조

- 발달 과정과 청소년기에 나타나는 특징
- AI 시대에서의 왜곡된 발현과 사회적 도전
- 존재 중심 코칭의 전략과 질문
- 실제 사례 분석 및 적용 예시
- 교육적 실천 과제와 교사·부모의 역할

6. 결론

기질 기반의 인성교육은 변화하는 시대 속에서도 흔들리지 않는 내면의 나침반을 형성할 수 있는 가장 강력한 교육 혁신이다. 다음 장에서는 인간 존재의 동력, '욕구'라는 기질을 중심으로 우리가 무엇을 갈망하고 왜 움직이는지를 깊이 있게 다룬다. 이 탐색은 청소년의 내면 세계를 새롭게 조명하고, 그들의 삶을 향해 가는 여정에 코칭적 안내자가 되는 실천의 출발점이 될 것이다.

제2부

인성의 5대 기질과 존재 중심 코칭

1. 욕구의 기질: 존재 에너지의 이해

욕구의 기질은 인간이 삶에서 추구하는 방향과 행동의 원동력을 제공하는 핵심 에너지다. 이는 단순히 생존을 위한 필요를 넘어, 성장, 성취, 의미 추구와 같은 고차원적 동기를 포함한다. 존재 중심 코칭은 학습자가 자신의 욕구를 명확히 인식하고, 그 욕구가 삶의 선택과 행동에 어떻게 영향을 미치는지 이해하도록 돕는다. 이를 통해 단순한 욕망 충족이 아닌, 가치와 일치하는 욕구 실현을 가능하게 한다.

2. 본능적 욕구 × 존재 중심 코칭 시스템

본능은 인간의 생물학적 기초로, 안전, 생존, 번식 등 기본적 필요를 충족시키기 위해 작동한다. 존재 중심 코칭은 이러한 본능적 충동을 무조건 억제하거나 방치하지 않고, 의식적으로 조율하여 삶의 질을 높이는 방향으로 활용한다. 코치는 학습자가 본능과 의식적 선택 사이의 균형을 찾도록 안내하며, 이를 통해 무의식적 반응을 의식적인 행동으로 전환시키는 힘을 기른다.

3. 의지의 기질: 선택을 구조화하는 힘

의지는 목표를 설정하고 실행으로 옮기는 추진력이다. 존재 중심 코칭에서는 의지를 단순한 강한 마음이나 끈기가 아니라, 명확한 가치와 방향성을 기반으로 한 선택의 구조화 과정으로 본다. 학습자는 자신의 의지력을 효과적으로 발휘할 수 있는 전략을 수립하고, 장애물에 부딪혔을 때 유연하게 대처하는 방법을 익힌다.

4. 자기본질 × 존재 중심 코칭

자기본질은 한 개인이 지닌 고유한 성향과 본성, 즉 변하지 않는 내적 정체성을 의미한다. 존재 중심 코칭은 학습자가 외부의 기대나 사회적 압력에 휘둘리지 않고, 자신의 본질을 기반으로 의

사결정을 내리도록 돕는다. 이를 통해 학습자는 자기 일관성을 유지하면서도 변화하는 환경에 적응할 수 있는 내적 안정성을 갖추게 된다.

5. 양심의 기질: 이상과 현실의 통합

이성은 논리적 사고와 분석, 문제 해결 능력을 통해 이상과 현실을 조율한다. 존재 중심 코칭은 학습자가 비현실적 이상에만 집착하거나, 반대로 현실에만 안주하는 것을 방지하고, 두 영역을 연결하는 다리를 놓도록 지원한다. 이를 통해 지속 가능하고 실현 가능한 목표를 수립하게 한다.

6. 초자아 양심 × 존재 중심 코칭

초자아 양심은 도덕적 판단과 규범의 내면화를 의미하며, 개인의 윤리적 행동을 이끄는 기준이 된다. 존재 중심 코칭은 학습자가 양심의 목소리를 명확히 듣고, 이를 행동으로 옮기도록 격려한다. 동시에 과도한 자기비판이나 죄책감에서 벗어나 균형 잡힌 윤리의식을 형성하도록 돕는다.

7. 감정의 기질: 의미를 전달하는 감정의 힘

감정은 단순한 기분의 변화가 아니라, 관계와 상황에 의미를 부여하는 중요한 매개체다. 존재 중심 코칭은 학습자가 자신의 감정을 인식하고, 이를 적절히 표현하며, 타인의 감정을 공감하는 방법을 익히도록 한다. 이를 통해 감정은 갈등의 원인이 아니라 관계를 심화시키는 도구로 활용된다.

8. 감정 동기 × 존재 중심 코칭

감정 동기는 행동을 유발하는 중요한 요인으로, 사람을 움직이는 내적 불꽃이다. 존재 중심 코칭은 학습자가 자신의 감정적 동기를 파악하고, 이를 긍정적이고 건설적인 방향으로 전환하도록 돕는다. 이는 자기 주도성과 목표 달성에 있어 강력한 추진력이 된다.

9. 정서의 태도: 반응 패턴과 공감의 기초

정서의 태도는 특정 상황에서 감정을 어떻게 경험하고 표현하는지를 나타낸다. 존재 중심 코칭은 학습자가 부정적 반응 패턴을 인식하고, 이를 긍정적이고 건강한 방식으로 재구성하도록 돕는다. 또한 타인의 감정을 이해하고 공감하는 능력을 길러, 건강한 인간관계를 형성하게 한다.

10. 정서 태도 × 존재 중심 코칭

정서 태도와 존재 중심 코칭의 결합은 학습자가 자기감정의 주인이 되고, 타인과의 관계에서 성숙한 감정 표현을 실천하도록 만든다. 이는 인성교육의 핵심 목표인 자기 이해와 타인 이해를 동시에 심화시킨다.

제4장

욕구의 기질:
존재의 에너지를 이해하다

　우리는 종종 욕구를 단순한 충동이나 통제해야 할 감정적 폭발로 오해한다. 그러나 욕구는 단순히 욕망의 표현이 아니라, 인간 존재가 살아있음을 증명하는 내면의 소리이며, 깊은 차원에서 삶을 향해 나아가고자 하는 의지를 담고 있다. '무엇을 원하는가?'라는 질문은 사실상 '나는 누구인가?', '나는 어디로 가고 있는가?'라는 실존적 질문과 맞닿아 있다.

　욕구는 존재의 움직임이다. 이는 생존을 위한 본능적 충동에서 시작되어, 사회적 소속과 인정, 궁극적으로는 자기 실현과 의미 추구로 나아가는 확장된 에너지 체계다. 인간은 욕구를 통해 세상과 연결되고, 자신을 발견하며, 미래를 설계한다. 욕구는 존재의 내면에서 외부 세계로 향하는 첫 번째 메시지이며, 그것이 무시되거나 억압될 때 인간은 방향을 잃고 불안에 휩싸이게 된다.

　이 장에서는 '욕구의 기질'을 단지 성격의 일부로 보지 않고, 인간 존재 전체를 움직이는 에너지 체계로 이해하려 한다. 생리적 욕구와 정서적 욕망, 자기실현을 향한 갈망까지, 욕구는 다층적이며 그 구조는 매우 정교하다. 특히 청소년기에 이 욕구 기질은 더욱 뚜렷하게 드러나며, 혼란스럽고 복잡한 감정과 행동의 배경이 된다. 이 시기의 욕구를 단순히 비합리적이라고 치부하거나 통제 대상으로 바라볼 경우, 우리는 존재의 중요한 신호를 놓치게 된다.

욕구를 이해한다는 것은 존재의 깊은 곳을 이해하는 것이다. 그것은 청소년의 삶을 평가하는 것이 아니라, 그 내면의 목소리를 경청하는 것이며, 통제보다 해석, 억압보다 수용의 태도를 요구한다. 이 장은 욕구를 억누르는 것이 아닌, 그 에너지를 방향성 있는 성장으로 전환시키기 위한 실천적 통찰을 제공한다. 코칭과 교육은 이 전환의 길을 안내하는 도구이며, 존재 중심 코칭은 바로 그 언어와 구조를 제공한다.

이제 우리는 욕구라는 렌즈를 통해 인간 존재를 다시 바라보려 한다. 그 렌즈는 우리로 하여금 단지 '행동'을 넘어서 '존재의 움직임'을 읽게 해주며, 코칭은 그 움직임을 조율하는 가장 섬세한 대화의 기술이 된다.

1. 기질의 정의와 심층 구조

욕구의 기질은 인간 존재의 가장 근원적인 에너지원을 구성한다. 생존을 위한 충동, 연결을 위한 갈망, 성취에 대한 욕망 등은 모두 이 기질에서 비롯된다. 이 기질은 단지 동물적 본능의 잔재가 아니라, 인간 존재가 삶의 의미와 방향을 설정하는 내면의 나침반이 된다. 철학적으로는 실존적 불안을 다루는 기제로 작용하며, 심리학적으로는 욕구 위계 이론(Maslow)이나 자기결정성이론(Deci & Ryan)과도 깊은 관련이 있다.

이 기질은 다음과 같은 다층적 구조를 가진다.

- 생리적 충동: 배고픔, 피로, 안전 욕구 등 생존 기반 욕구
- 사회적 갈망: 소속, 인정, 애정에 대한 갈망
- 자기실현의 추동력: 성장, 의미, 창조에 대한 열망

이러한 층위들은 개인에 따라 조합과 우선순위가 다르며, 각기 다른 행동 패턴과 가치관을 형성하게 된다. 더불어 욕구는 단절이나 충족의 경험을 통해 강화되거나 억제되며, 이러한 경험이 축적되면서 각 개인의 고유한 욕구 반응 체계가 형성된다. 이 체계는 무의식적인 선택의 기준이 되며, 삶의 방향성에 결정적인 영향을 준다. 이 기질은 외부 자극에 의해 반응하지만 동시에 내면의 존재감을 향해 작용하기 때문에, 존재 중심 코칭에서 중요하게 다루어진다.

2. 발달 과정과 청소년기에 나타나는 특징

청소년기는 욕구 기질이 폭발적으로 표출되는 시기다. 자율성과 독립성에 대한 강렬한 욕구, 또래와의 관계 형성에 대한 열망, 진

로와 정체성에 대한 갈증 등은 모두 본능적 에너지의 사회화 과정 속에서 나타나는 현상이다. 이 시기의 욕구는 다음과 같은 특징을 보인다.

- 이중적 충동: 부모로부터의 독립 vs 보호받고 싶은 욕망
- 강렬한 비교의식: 자기 욕구의 가치에 대한 외부 피드백 과의존
- 불균형적 표현: 충동 조절 미숙으로 인한 공격성, 과소비, 중독 행동 등

청소년기의 이러한 욕구는 단순한 반항이 아니라, 자신의 존재감을 확인하고 싶다는 내면의 강력한 메시지다. 또한 이 시기의 욕구는 '지금 이 순간'에 대한 강한 집착으로 나타나며, 장기적인 목표나 추상적인 이상보다 당장의 감정적 충족에 민감하게 반응한다. 따라서 이 시기의 교육적 접근은 억제나 통제보다 욕구의 맥락과 의미를 해석하고 소통하는 방식이어야 한다. 이는 청소년 스스로 욕구를 이해하고 책임 있게 다룰 수 있는 기반이 된다.

3. AI 시대에서의 왜곡된 발현과 사회적 도전

AI와 디지털 기술의 발달은 인간의 욕구 구조에도 새로운 영향을 미치고 있다. 특히 청소년기에 다음과 같은 왜곡이 나타난다.

- 즉각적 만족의 습관화: 알고리즘 기반 추천, 빠른 반응 시스템으로 인한 인내력 약화
- 정체성 외주화: SNS와 가상 공간을 통한 타인의 피드백 의존
- 욕구의 수단화: 광고, 게임, 콘텐츠가 욕구를 자극하고 상품화

디지털 환경은 청소년의 욕구를 보다 피상적이고 소비지향적으로 변화시킨다. 자기 자신에 대한 탐색보다는 타인의 반응을 통해 존재를 확인하려는 경향이 강화되며, 내면적 욕구는 억제되거나 무시되는 경우가 많다. 이는 충동조절 장애, 우울, 자존감 저하 등의 심리적 문제로 이어지기도 한다. 존재 중심 코칭은 이러한 시대적 맥락을 이해하고, 청소년 스스로 왜곡된 욕구 구조를 자각하고 다시 통합할 수 있도록 돕는 데 초점을 맞춘다. 더불어 AI 시대의 교육자와 부모는 이러한 새로운 맥락에서 욕구의 본질과 왜곡을 구분할 수 있는 민감성을 가져야 한다.

4. 존재 중심 코칭의 전략과 질문

존재 중심 코칭은 욕구를 억제하거나 판단하지 않는다. 오히려 그 욕구의 기원과 의미, 방향성을 탐색하도록 돕는다. 코치는 고객의 욕구를 다음과 같은 관점에서 바라본다.

- 이 욕구는 어떤 정체성의 표현인가?
- 이 욕구가 반복적으로 나타나는 이유는 무엇인가?

- 이 욕구가 존중받는다면, 무엇이 가능해지는가?

이러한 질문을 통해 코치는 고객이 욕구를 통해 자신의 존재에 대해 더 깊이 성찰하도록 돕는다. 코칭의 목표는 단지 욕구 충족이 아니라, 욕구가 말하고자 하는 진짜 메시지를 해석하여 삶의 방향성과 연결시키는 것이다.

핵심 질문 예시:
- 지금 당신이 강하게 원하는 것은 무엇인가요?
- 이 욕구는 당신에게 어떤 의미인가요?
- 이 욕구가 표현되지 못할 때 어떤 감정이 드나요?
- 이 욕구를 보다 건강하게 표현한다면 어떤 모습일까요?
- 이 욕구는 당신의 어떤 상처나 경험에서 비롯되었을까요?
- 이 욕구가 실현된다면, 당신은 어떤 사람으로 성장하게 될까요?

5. 실제 사례 분석 및 적용 예시

사례 1: 스마트폰 과몰입 학생

고등학생 A군은 스마트폰 게임에 하루 6시간 이상을 사용한다. 교사나 부모는 이것을 중독이나 게으름으로 해석하지만, 코치는 그의 "통제 가능성에 대한 욕구"를 발견했다. 현실에서 무기력했던 그는 게임 안에서 성취와 통제를 경험하고 있었다.

→ 코칭 개입: "당신이 게임에서 얻는 것은 무엇인가요? 그것이 현실에서 가능하다면 어떤 모습일까요?"

사례 2: 무기력한 여학생

중학생 B양은 매사에 흥미를 느끼지 못하고, 학교 활동에 소극적이다. 욕구가 없는 게 아니라, 반복된 실패와 평가 속에서 "욕구를 표현하면 상처받는다"는 믿음이 형성되었음을 코칭 대화에서 발견했다.

→ 코칭 개입: "지금 원하는 것이 전혀 없진 않을 거예요. 아주 작더라도 바라는 것이 있다면 무엇일까요?"

사례 3: 완벽주의에 빠진 모범생

중학교 3학년 C양은 항상 상위권 성적을 유지하고 교사의 신뢰를 받지만, 내면에서는 극심한 불안을 호소한다. 그녀의 욕구는 '사랑받고 싶은 욕구'였으며, 그것을 성취와 인정으로 우회적으로 표현하고 있었다.

→ 코칭 개입: "당신이 지금 성취를 통해 얻고자 하는 진짜 것은 무엇인가요? 성적 외에도 사랑받고 있다는 느낌을 받을 수 있는 방법이 있다면 무엇일까요?"

6. 교육적 실천 과제와 교사·부모의 역할

기질로서의 욕구를 존중한다는 것은, 청소년의 행동을 단지 수정하는 것이 아니라, 그 내면의 방향성과 에너지를 함께 탐색하는 것이다. 이를 위해 교육자와 부모는 다음과 같은 역할을 수행해야 한다.

- 판단이 아닌 호기심으로 바라보기: 행동의 표면보다 그 동기를 이해하려는 태도
- 욕구를 표현할 수 있는 안전한 공간 만들기: 질문, 경청, 피드백의 구조 제공
- 욕구의 건강한 채널 만들기: 예술, 운동, 봉사 등으로 욕구를 전환할 수 있는 다양한 활동 제공
- 회복적 피드백 훈련: 실패하거나 좌절했을 때, 욕구 자체를 존중하며 재설계하는 언어와 태도
- 욕구에 이름 붙이기 훈련: 감정 어휘와 연결하여 욕구를 명료하게 인식하는 기술 지도

청소년은 자신이 어떤 존재인지 끊임없이 탐색하는 존재다. 존재 중심 코칭은 그 탐색의 과정에서 욕구를 단서로 삼아, 억제나 도덕적 판단이 아닌, 깊은 자기 인식과 자기 존중의 길로 안내한다. 궁극적으로 본능과 욕구의 기질은 인간 존재의 힘이다. 존재 중심 코칭은 이 힘을 억제하거나 교정하는 것이 아니라, 그것이 삶의 방향성과 의미로 전환되도록 돕는 여정이다.

제5장
본능적 욕구 × 존재 중심 코칭

우리는 지금, 청소년들이 자신의 내면을 이해하지 못한 채 방향을 잃고 방황하는 시대에 살고 있다. 사회는 빠르게 변화하고 있고, 교육은 여전히 '성과'와 '통제' 중심의 틀에서 크게 벗어나지 못하고 있다. 이 틀 안에서 청소년의 감정은 억눌리고, 행동은 규범에 맞추어 재단되며, 욕구는 문제로 치환된다. 그러나 그 속에는 중요한 신호가 있다. 바로, 인간 존재의 가장 원초적이고 근원적인 에너지인 본능적 욕구(instinctual needs)가 발화되고 있다는 사실이다.

본능은 인간의 생존과 성장을 위한 자연스러운 에너지이며, 단지 충동이나 일탈로 치부할 대상이 아니다. 오히려 본능은 '살아 있으려는 힘', '자기답게 존재하고자 하는 의지'의 표현이다. 이러한 본능의 흐름을 읽고 해석할 수 있어야 진정한 인성교육이 시작된다. 그러나 기존의 교육은 이 본능을 통제하거나 무시하는 데 초점을 맞춰왔다. 그 결과, 많은 청소년은 자신의 욕구를 외면하거나 억누른 채 살아가고 있으며, 그 억압된 감정은 종종 무기력, 분노, 방황의 형태로 분출된다.

존재 중심 코칭은 바로 이 지점에서 시작된다. 억눌린 욕구를 '다시 말하게' 하고, 그 속에 숨겨진 존재의 목소리를 듣는 것이다. 이것은 단지 '문제 해결'을 위한 접근이 아니다. 청소년 스스로가 자신의 욕구를 인식하고, 그것을 통해 자신의 존재를 이해하고, 궁극적으로는 자기 삶의 방향을 찾아가도록 돕는 여정이다.

이 장에서는 본능적 욕구가 왜곡될 때 나타나는 심리적 현상들을 탐구하고, 이를 어떻게 코칭적으로 접근할 수 있는지를 설명한다. 또한 욕구를 억압하거나 수정하기보다, 그것을 존재의 문으로 이해하고 수용하는 새로운 인성교육의 가능성을 제시하고자 한다.

1. 본능적 욕구란 무엇인가

본능적 욕구는 인간 존재의 가장 근원적인 생명 에너지로, 삶의 방향성과 의미를 구성하는 심리적, 생물학적 기반이다. 이는 매슬로우가 제시한 생리적 욕구, 안전 욕구, 소속감과 사랑의 욕구, 존중 욕구, 자아실현의 욕구를 포함하며, 단순한 충동이나 본능이 아닌 '존재하고자 하는 의지'로서 해석될 수 있다. 특히 청소년기에 접어들며 이 욕구들은 더욱 복잡하고 세밀한 방식으로 분화되고, 사회적 비교와 자기 정체성 탐색 속에서 더욱 강렬하게 발현된다.

청소년은 '자유롭게 살고 싶다', '존재를 인정받고 싶다', '누군가에게 의미 있는 존재가 되고 싶다'는 바람을 본능적으로 품는다. 그러나 이러한 욕구가 학교 규칙, 사회적 통제, 성취 지향의 문화 속에서 억압될 때, 그들은 종종 문제행동으로 분류되고 부정적으로 낙인찍힌다. 실제로 학생의 산만함, 무기력, 충동적 반응, 반항심은 그들의 내면에서 외치는 존재의 욕구일 수 있으며, 이를 코칭적 언어로 해석하고 수용할 수 있을 때 비로소 교육은 전환점을 맞이한다.

존재 중심 코칭은 욕구를 억누르는 것이 아니라, '그 안에 깃든 살아있는 존재의 신호'를 읽어내고 존중하는 접근이다. 욕구는 욕심이나 방종이 아니라, 나다움을 찾아가는 여정의 출발점이다. 욕구를 수면 위로 드러내고 질문을 통해 탐색할 때, 청소년은 자신을 억압에서 자유롭게 하고 스스로 선택하는 존재로 성장하게 된다.

2. 본능적 욕구의 왜곡과 존재의 신호

본능적 욕구가 억압되거나 충분히 인식되지 못할 때, 그 에너지는 왜곡된 방식으로 표출된다. 이러한 왜곡은 자주 청소년의 행동 문제나 성격적 결함으로 간주되지만, 존재 중심의 코치는 이러한 왜곡을 하나의 '내면 메시지'로 바라본다. 아래의 표는 본능적 욕구의 대표적인 왜곡 사례와 그 이면의 존재적 갈망을 정리한 것이다.

왜곡된 표현	내면의 욕구	존재의 메시지
지나친 집착	인정 욕구	"나는 소중하게 여겨지고 싶어."
무기력, 방관	소속 욕구	"나는 받아들여지고 싶어."
충동 행동	자유 욕구	"나는 내 방식대로 살고 싶어."
불안과 불신	안전 욕구	"나는 보호받고 싶어."
완벽주의	성취 욕구	"나는 충분히 잘하고 싶은 존재야."
과잉 경쟁	비교 해방 욕구	"나는 나로서도 괜찮은 존재야."
감정 억제	진정성 욕구	"나는 있는 그대로 드러나고 싶어."

이러한 존재의 메시지를 인식하고 언어화해주는 과정은, 코칭이 단순한 상담이나 지도와 차별화되는 지점이다. 코치는 겉으로 드러난 행동이 아닌, 그 행동 이면의 존재적 갈망을 탐색하는 데 집중하며, 이를 통해 청소년은 자신의 내면과 다시 연결되는 기회를 갖는다.

3. 존재 중심 코칭 질문 예시

- "지금 너의 안에서 가장 강하게 소리치고 있는 건 무엇일까?"
- "그렇게 행동한 네 안에는 어떤 욕구가 숨어 있었을까?"
- "그 욕구가 너의 존재에게 어떤 의미일 수 있을까?"
- "그 욕구를 억누르지 않고 건강하게 표현할 수 있는 방법은 없

을까?"

- "그 욕구가 사실은 너를 지키고 싶은 마음에서 온 거라면?"
- "그 욕구를 온전히 받아들이는 것이 너에게 어떤 변화를 줄 수 있을까?"
- "지금 느끼는 이 감정 속에는 어떤 필요가 숨어 있을까?"
- "그 욕구를 따라간다면 너는 어떤 사람으로 살아가게 될까?"

질문은 단순한 대화의 기술이 아니다. 코칭 질문은 청소년의 내면에 정체된 감정과 욕구의 에너지를 다시 흐르게 하고, 억눌린 자아가 다시 자신을 향해 말하도록 돕는다. 존재 중심 질문은 그 존재가 삶을 향해 다시 걸음을 내딛도록 일으키는 촉매다.

4. 코칭 태도와 언어 전략 확장

존재 중심 코칭은 코치의 말보다 '태도'에서 더 큰 힘을 발한다. 코치는 판단하지 않고, 청소년의 내면 갈망을 신뢰하며, 그들이 자기 안의 소리를 표현할 수 있도록 심리적 안전지대를 마련한다.

- 존재 수용 언어: "그런 욕구를 느끼는 건 너무 자연스러워. 너는 살아있는 존재니까."
- 욕구 명명 언어: "그건 인정받고 싶은 마음일 수도 있고, 사랑받고 싶은 마음일 수도 있어."
- 내면 소리 연결: "그 말 뒤에 숨어 있는 네 마음의 진짜 목소리

는 뭐라고 말하고 있니?"

- 메타 인식 유도: "그 욕구가 올라올 때마다 네 몸과 감정은 어떻게 반응하니?"
- 자기 수용 확장: "그 욕구도 너의 일부야. 그걸 수용할 때 비로소 너는 더 자유로워져."

이러한 언어 전략은 교사나 상담자뿐 아니라 부모, 또래 친구들과의 관계에서도 응용 가능하며, 학교의 언어 문화를 변화시키는 출발점이 될 수 있다.

5. 실습 시나리오 고도화 예시

상황: 학생이 수업 중 계속 스마트폰을 확인하며 집중하지 못함.
전통적 지도 반응: "왜 핸드폰을 그렇게 자꾸 보니? 집중 좀 해!"

존재 중심 코칭 대화 흐름:
교사: "지금 뭔가 마음이 수업이 아닌 다른 데로 가 있는 것 같아. 혹시 지금 네 안에서 가장 신경 쓰이는 게 있다면 뭘까?"
학생: "친구가 톡으로 뭐라 해서요…. 자꾸 제가 싫다고…."
교사: "그 말 들으니 속상했겠다. 혹시 그 상황에서 가장 힘들었던 건 뭐였을까?"
학생: "제가 버려지는 느낌이 들어서요…."
교사: "그렇구나. 그 상황에서 네 안의 존재가 뭐라고 말하고 싶었

을까?”

→ 이후 학생은 눈물을 흘리며 자신의 외로움과 인정 욕구를 표현함.

이 시나리오처럼, 존재 중심 코칭은 문제행동을 교정하는 것이 아니라, 그 이면에 숨겨진 갈망과 상처, 감정을 해석하고 회복시키는 방식이다.

6. 교육 통합 전략 강화 제안

- '욕구 발견 수업' 운영: 매월 한 번, 자신의 최근 행동을 돌아보며 그 안에 담긴 욕구를 언어화하는 수업 운영
- '내 안의 존재 일기' 프로그램: 감정과 욕구를 분리하여 관찰하고 적는 저널 활동 강화
- '욕구 시뮬레이션' 극: 다양한 상황에서 등장인물이 욕구에 따라 다르게 행동하는 모습을 연극으로 구현하고 토론
- '자기 이해 지도' 만들기: 자신의 대표 욕구, 그것이 충족될 때와 좌절될 때의 반응을 지도 형식으로 시각화
- '욕구 카드 × 진로 탐색' 통합활동: 어떤 욕구가 충족될 때 가장 만족감이 높은지 파악하고 진로 탐색과 연결
- '존재 메시지 송' 프로젝트: 내가 듣고 싶은 말, 내 존재가 말하고 싶은 문장을 가사로 만들어 노래로 표현

7. 결론: 욕구는 존재의 문이다

본능적 욕구는 단순한 충동이 아니라, 존재가 삶을 향해 뻗어 나가고자 하는 본질적인 표현이다. 코칭은 이러한 욕구를 억제하거나 통제하는 것이 아니라, 그것을 통해 존재의 진실한 목소리를 듣고, 삶의 방향성을 발견하도록 돕는 여정이다.

청소년은 욕구를 통해 자신을 발견하고, 자신을 수용하며, 자기 삶을 선택하는 능력을 갖게 된다. 존재 중심 인성교육은 '좋은 아이 만들기'가 아니라, '살아있는 나를 만나기'의 여정을 동반하는 교육이다.

이제 우리는 교육 현장에서 청소년의 욕구를 억압하거나 수정하려 하기보다는, 그 욕구의 목소리를 있는 그대로 들어주고, 함께 질문하고, 삶의 새로운 방향으로 전환할 수 있도록 돕는 존재 중심 코칭을 실천해야 한다. 존재는 언제나 말하고 있다. 우리는 이제 그것을 들을 준비가 되어야 한다.

제6장

이성의 기질:
선택을 구조화하는 힘

우리는 하루에도 수백 번씩 선택하며 살아간다. 어떤 옷을 입을지, 어떤 말을 건넬지, 무엇을 믿을지, 누구를 따를지. 이 모든 결정은 사소해 보이지만, 우리의 존재를 형성하는 실질적인 선언이다. 단순한 정보 처리나 논리적 판단의 결과를 넘어, 선택은 우리 내면의 기질과 가치, 세계관, 그리고 정체성을 드러낸다. 그 중심에 바로 '이성의 기질'이 있다.

이성은 인간의 독특한 능력이며, 동시에 깊이 훈련되어야 할 기질이다. 이성은 단순히 정답을 찾는 기능이 아니라, 다양한 가능성 속에서 무엇이 진실이고 선한 것인지 분별하고, 그것을 삶의 방향으로 선택해나가는 힘이다. 다시 말해, 이성은 단순한 사고 능력을 넘어, 삶을 구성하고 재설계하는 도구이다.

그러나 오늘날의 교육은 이성을 정답 탐색의 도구로 협소화시키고 있다. 사고의 기질은 평가와 채점의 대상이 되었고, 선택의 주

체는 외부 기준에 종속되어 버렸다. 이러한 환경은 학생들로 하여
금 자기 삶의 판단 주체로서의 감각을 상실하게 만들고, 결정 불안
을 키우며, 반복적인 후회와 자책으로 이어지게 만든다.

　이성을 기질로 접근한다는 것은 단순히 논리력이나 문제 해결력
을 강화하는 것이 아니다. 그것은 사고와 선택을 통해 자신의 존재
를 인식하고, 자기 삶의 방향을 주체적으로 설계할 수 있는 능력을
길러주는 과정이다. 즉, 이성의 기질은 우리가 누구인지, 무엇을
중요하게 여기는지, 어떤 방향으로 나아가야 할지를 끊임없이 묻
고 결정하게 만드는 내면의 나침반이다.

　존재 중심 코칭은 이러한 이성의 기질을 억누르거나 교정하려
하지 않는다. 오히려 각 개인의 사고방식과 선택 패턴을 존중하고,
그것을 통해 존재의 구조를 드러내도록 돕는다. 질문을 통해 판단
의 근거를 탐색하고, 선택의 맥락을 넓혀가며, 다양한 가능성을 실
험하게 함으로써, 이성은 생동하는 에너지로 작동하게 된다.

　본 장에서는 사고와 선택이라는 이성의 기질이 어떻게 발달하
며, 왜곡되거나 위축될 수 있는지를 조망한다. 또한 AI 시대라는
복합적 환경 속에서 이성이 어떤 도전에 직면하는지를 분석하고,
존재 중심 코칭이 어떤 방식으로 이성의 기질을 회복시킬 수 있는
지 구체적으로 살펴본다. 이성과 감정이 분리된 것이 아닌, 통합적
으로 작동하는 존재의 구조로서 이해될 때, 학생들은 더 이상 정답
을 외우는 주체가 아니라, 삶의 방향을 설계하는 창조자가 된다.

1. 기질의 정의와 심층 구조

이성의 기질은 인간이 정보를 해석하고 사고를 조직하며, 결정을 내리는 과정에서 발휘되는 인지적 기질이다. 감정이나 충동과는 달리, 이성은 인간이 상황을 분석하고 비교하며, 의미 있는 선택을 가능하게 하는 '존재의 판단 시스템'이라 할 수 있다. 이는 단순한 논리 능력을 넘어, 세상을 바라보는 틀(프레임)을 구성하고 자기 경험을 구조화하는 인식의 틀이다. 이성 기질은 인간 존재가 '무엇을 선택할 것인가'뿐 아니라 '왜 선택하는가'까지도 내포한 깊은 자기 반영의 구조다.

이성 기질은 다음과 같은 심층 구조를 가진다.

- 인과적 사고력: 사건 간의 원인과 결과를 파악하고 해석하는 능력
- 논리적 조직 능력: 정보의 구조화, 분류, 통합 능력
- 선택적 집중력: 복잡한 정보 속에서 중요한 것을 가려내는 통찰력
- 자기 판단력: 외부 정보보다 자기 기준에 따라 결정을 내리는 능력
- 비판적 사고능력: 기존의 정보나 믿음을 검토하고 의문을 제기하는 능력
- 미래 예측력: 현재의 판단이 미래에 미칠 영향을 예견하는 능력
- 복합적 사고방식: 모순적 정보를 동시에 인식하고 종합하는

능력

- 가설 설정과 실험적 사고: 문제를 구조화하고 시나리오별로
  예측하는 능력
- 정의와 가치를 결합하는 능력: 논리와 윤리를 통합하여 판단
  을 내리는 성향

이 기질은 개인의 사고 스타일에 따라 다르게 발현된다. 어떤 사람은 구체적 사실 기반의 사고를 선호하고, 어떤 이는 직관적 통찰에 의존하며, 또 어떤 이는 다각도로 비교하고 난 후에야 결정을 내린다. 이성 기질은 단지 '똑똑함'의 문제가 아니라, 정보와 선택을 다루는 방식의 다양성을 반영하는 존재의 형식이다. 이성 기질을 통해 우리는 자신만의 판단 원칙, 사고의 선호 방향, 정보 수용 방식, 신뢰하는 논리체계를 점차 형성해나간다.

2. 발달 과정과 청소년기에 나타나는 특징

청소년기는 단편적 정보에 대한 반응 중심에서, 점차 맥락적 사고와 자기 판단의 시기로 전환되는 과도기다. 이 시기 청소년의 이성 기질은 다음과 같은 특징을 보인다.

- 모순에 대한 예민함: 권위자의 말과 실제 간 불일치에 강한 반
  응을 보임
- 사고의 확산과 수렴이 공존: 다양한 시각을 흡수하면서도 선

택의 기준은 아직 모호함

- 결정 회피와 과잉 결정 사이의 진동: 책임을 회피하거나, 과하게 자신을 통제하려는 경향
- 정답 중심 사고의 혼란: 기존의 획일적 정답 체계에서 벗어나려 하면서도 불안을 느낌
- 자기 판단력의 형성기: 외부의 가치 기준에서 점차 자기 기준으로 옮겨가는 중간 단계
- 인정 욕구와 자기 기준 간의 갈등: 또래나 부모의 평가를 의식하면서도 자기 생각을 고수하고자 하는 양가적 심리
- 선택의 실험기: 다양한 관점을 시도하면서 자신에게 맞는 사고 체계를 구축하고자 함.

청소년의 이성 기질은 자기 독립성과 정체성을 구축하는 데 있어 핵심적 역할을 한다. 그러나 이 시기의 이성은 아직 완성된 체계가 아니므로, 종종 감정과 욕구에 의해 쉽게 왜곡되거나, 외부의 논리에 과도하게 의존하게 된다. 따라서 청소년의 이성 기질을 다룰 때는, 그 사고의 흐름과 선택의 배경을 함께 탐색하며 존중하는 접근이 필요하다. 이 시기의 중요한 과제는 단순한 정보 수집이 아니라, 스스로의 가치 체계와 선택 기준을 형성하는 경험을 갖는 것이다. 또한 실수를 통해 배우는 과정을 존중하고, 실패 이후의 사고 복원을 돕는 피드백이 중요하다.

3. AI 시대에서의 왜곡된 발현과 사회적 도전

AI와 디지털 환경은 사고와 선택의 구조에도 큰 영향을 미치고
있다. 특히 다음과 같은 왜곡이 청소년 사이에서 나타난다.

- 정보 과잉과 사고 마비: 판단에 필요한 정보를 넘어서 과도한
  선택지가 주어짐으로써 결정 장애가 발생
- 알고리즘화된 사고: 추천 시스템에 익숙해진 뇌가 자기 판단
  보다 외부 제시 기준에 의존
- 의사결정의 외주화: 사소한 결정조차 인터넷 검색이나 SNS
  의견에 의존함으로써 자기 기준 상실
- 이슈 중심의 파편화된 사고: 깊은 통합 없이 빠르게 뜨고 사라
  지는 정보에 반응
- 정서적 몰입과 논리의 분리: 감정적으로 끌리는 정보에 휩쓸
  리면서 이성적 근거는 부차적으로 밀려남
- 인지 부조화의 확산: 정보의 홍수 속에서 자기 판단이 일관성
  을 갖기 어려운 환경 조성
- 대화 부족으로 인한 사고 퇴화: 깊이 있는 토론과 반박의 기회
  를 상실한 채, 자기 생각을 구조화할 기회를 잃음

이런 디지털 환경에서는 청소년이 정보를 처리하고 판단하는 능
력 자체보다, '무엇을 기준으로 결정할 것인가'를 묻는 철학적 태도
가 더욱 중요해진다. 존재 중심 코칭은 이성 기질이 자기 존재의
표현이라는 관점에서, 선택의 주도권을 되찾고 의미 중심의 사고

를 회복하도록 돕는다. 선택은 단순히 무엇을 하느냐가 아니라, 누구로 살 것인가를 결정하는 본질적인 행위이며, 청소년기의 사고 기질은 이를 위한 토대를 마련한다.

4. 존재 중심 코칭의 전략과 질문

존재 중심 코칭은 사고의 오류나 판단의 미숙함을 교정하기보다, 청소년의 사고 흐름과 결정의 이유를 함께 탐색하는 데 초점을 둔다. 코치는 다음과 같은 질문을 통해 이성 기질을 존중하고 강화한다.

- 이 선택은 당신의 어떤 가치를 반영하나요?
- 이 판단의 기준은 어디에서 비롯되었나요?
- 당신은 이 문제를 어떻게 바라보고 있나요?
- 무엇이 결정에 확신을 주고, 무엇이 망설이게 하나요?
- 이 판단은 단기적 선택인가요, 아니면 장기적 방향인가요?
- 이 판단이 당신의 성장에 어떤 의미를 줄 수 있나요?

이러한 질문은 단순한 선택이 아니라, 사고의 배경과 기준을 자각하게 하고, 자기 사고의 책임감을 형성하게 한다. 코칭은 고객의 사고 체계를 존중하면서, 그 체계가 보다 통합되고 내면화될 수 있도록 돕는 '존재의 반추' 공간을 마련해준다.

핵심 질문 예시:

- 이 결정을 할 때 가장 중요하게 고려한 것은 무엇이었나요?
- 다른 사람들은 어떻게 판단할 것 같나요? 그것과 당신은 어떻게 다른가요?
- 이 판단이 당신의 정체성과 어떤 관련이 있나요?
- 지금까지 당신이 내린 가장 만족스러운 결정은 무엇이었나요? 그때 무엇이 달랐나요?
- 선택 후에도 불안한 이유는 무엇인가요?
- 당신은 어떤 기준을 가지고 살고 싶은가요?
- 감정이 판단에 어떤 영향을 주고 있나요?
- 이 결정이 당신의 장기적 목표와 어떻게 연결되나요?
- 이 문제를 바라보는 당신만의 방식은 어떤 것인가요?
- 당신의 선택은 어떤 세계관 혹은 인생철학에 기반하고 있나요?

5. 실제 사례 분석 및 적용 예시

사례 1: 진로 갈등에 빠진 고등학생

고3 D군은 이과에 진학했지만, 최근 미술에 흥미를 느끼며 고민하고 있다. 부모와 교사는 안정적 진로를 강조하지만, D군은 자기 삶의 의미를 묻고 있다.

→ 코칭 개입: "과학과 미술 중 어떤 선택이 당신을 더 살아있게 느끼게 하나요? 지금 당신이 가장 소중하게 여기는 가치는 무엇인

가요? 그 가치는 어떤 삶을 이끌고 있나요?"

사례 2: 친구 관계에서 갈등을 회피하는 중학생

E양은 친구들과의 갈등 상황에서도 항상 양보하거나 침묵한다. 겉보기엔 둥글둥글하지만, 내면에서는 자신이 무시당한다고 느낀다. 판단을 내릴 자신이 없어 타인의 의견에 항상 동조하는 습관이 형성되어 있다.

→ 코칭 개입: "당신의 생각을 더 존중받기 위해, 지금 어떤 선택을 할 수 있을까요? 그 선택은 당신이 어떤 사람이고 싶은지를 말해줄 수 있어요."

사례 3: 논리 과잉으로 감정을 억누르는 청소년

F군은 토론 동아리 활동을 즐기며, 어떤 사안이든 논리적으로 정리하는 데 탁월하다. 그러나 감정 표현에 서툴러 인간관계에서 오해가 잦다.

→ 코칭 개입: "논리는 당신의 강점이지만, 지금 이 상황에서 마음은 뭐라고 말하고 있나요? 그 감정도 판단에 어떤 영향을 줄 수 있을까요? 감정과 논리는 함께 갈 수 있습니다."

6. 교육적 실천 과제와 교사·부모의 역할

이성 기질을 존중한다는 것은, 청소년의 판단을 무조건 인정하거나 강요하는 것이 아니라, 그 사고의 흐름을 함께 따라가고 지지하는 것이다. 다음은 교육자가 실천할 수 있는 접근법이다.

- 사고 과정을 질문으로 열어주기: 정답이 아닌 사고의 배경을 묻는 질문 활용
- 결정의 기준을 명확히 하도록 돕기: 가치, 목적, 결과 간의 관계 구조화
- 자기 판단의 작은 성공 경험 제공: 소소한 선택에서 책임감을 경험하도록 격려
- 실패한 판단에 대한 복기 훈련: 잘못된 결정도 성장의 자원으로 전환하는 대화
- 감정과 사고를 통합하는 언어 사용: "생각은 그렇지만, 느낌은 어땠나요?"와 같은 이중 접근
- 사고 틀의 다양성을 인정하기: 정해진 틀보다 다양한 해석 가능성을 격려
- 철학적 질문 던지기: "왜 그런 선택을 했나요?"에서 나아가 "당신은 어떤 삶을 살고 싶은가요?"
- 비판적 사고력 길러주기: 선생님의 말도, 교과서의 내용도 비판적으로 보도록 격려
- 사고의 리듬 감각 깨우기: 빠른 판단보다 '잠시 멈추고 생각하기'의 습관을 기르기
- 가치 혼란 상황에서 토론 기회 제공: 다양한 판단을 접하고 자신의 입장을 조율하는 경험 제공

7. 결론

청소년은 생각하고 판단하는 존재다. 존재 중심 코칭은 그 판단의 기질이 단지 두뇌의 기능이 아니라, 삶의 의미와 방향을 형성하는 핵심 구조임을 인식하게 한다. 이성을 통해 자신을 이해하고 선택의 주체로 성장하는 청소년은, 기술의 시대에서도 자기 삶의 방향을 잃지 않는 내적 나침반을 갖게 된다.

제7장
자아 이성 × 존재 중심 코칭

　인간은 생각하는 존재이며, 그 사고의 중심에는 자아 이성이 자리하고 있다. 자아 이성(Ego-intellect)은 '나는 누구인가', '나는 무엇을 할 수 있는가'에 대한 내적 정의를 만들고, 외부 세계를 해석하고 반응하는 기준을 형성한다. 이처럼 자아 이성은 단지 지식의 기능이 아니라, 존재가 스스로를 인식하는 중요한 매개이자 삶의 방향을 정하는 나침반이다.

　청소년기에 접어든 아이들은 이 자아 이성이 급격히 활성화되며, 자기 자신과 세계를 비교하고 판단하는 능력을 키운다. 그러나 이 자아 이성이 온전히 이해받지 못하고, 주입된 기준과 외부 기대에 의해 왜곡될 때, 청소년은 자기 혐오, 과도한 경쟁의식, 고립감에 빠질 수 있다. 자아 이성은 고귀한 인식 도구인 동시에, 왜곡될 경우 자기 존재를 가로막는 장애물이 되기도 한다.

　존재 중심 코칭은 이 자아 이성을 억누르거나 평가하지 않는다.

오히려 그 내면의 언어와 사고의 패턴을 존중하며, 자아 이성이 다시 존재와 연결되도록 돕는다. 단순한 생각의 전환이 아닌, 존재 인식의 지평을 확장하는 것이 이 장의 핵심이다. 우리는 자아 이성을 문제로 취급하는 대신, 존재로 향하는 철학적 관문으로 받아들여야 한다.

1. 자아 이성이란 무엇인가

자아이성(Ego-intellect)은 인간이 외부 세계를 해석하고, 자신의 위치를 인식하며, 삶의 방향을 설정하는 데 사용하는 고등 인지 기능이다. 이는 판단, 추론, 계획, 목표 설정과 같은 사고 작용을 포함하며, '나는 누구인가'라는 자의식을 만들어내는 핵심 기질 중 하나다. 청소년기는 자아 이성이 급격하게 발달하는 시기로, 이 시기 청소년은 논리적 사고력, 자기 주장, 비교와 분별 능력을 빠르게 갖추게 된다. 이 시기의 자아 이성은 특히 외부의 기대, 사회적 비교, 성취 중심 교육 구조와 맞물리면서 과도한 자의식 혹은 낮은 자존감을 형성할 수 있다.

하지만 이 자아 이성이 충분히 지지받지 못하거나 왜곡되면, 자기 비난, 과도한 경쟁의식, 자신감 부족, 비교 의식, 이기주의로 변형될 수 있다. 이로 인해 청소년은 끊임없이 자기 정체성에 대한 혼란을 경험하고, 자신의 가치와 능력에 대한 의심 속에서 방황하게 된다. 존재 중심 코칭에서는 자아 이성을 억누르지 않고, 그 내면의 사고 흐름을 존중하고 해석하며, 자기 정체성과 삶의 의미를 찾는 통로로 연결한다. 단순히 사고를 다루는 것이 아니라, 사고를 통해 자신의 존재를 자각하게 하고, 그 존재에서부터 삶의 방향을 재조정할 수 있도록 돕는다.

자아 이성은 감정적 충동이나 본능적 욕구보다 사회화된 기준과 논리적 사고의 영향을 더 많이 받는다. 이로 인해 때로는 자기 억제와 과잉 통제라는 양극단 사이에서 불균형을 경험하게 된다. 따라서 코칭에서는 자아 이성에 대한 깊은 인식과 그 작동 방식을 이해하는 것이 필수적이며, 이를 통해 청소년이 사고의 틀을 확장하고 새로운 존재 방식을 발견하도록 돕는다.

2. 자아 이성의 왜곡과 존재적 전환

왜곡된 표현	자아 이성의 그림자	존재적 질문	존재 중심 전환 방향
완벽주의 집착	두려움 기반의 자기 방어	"무엇이 너를 그렇게 불안하게 만들고 있을까?"	실수의 의미를 탐색 및 수용하기
타인과의 과도한 비교	인정 욕구의 왜곡	"너는 너 자신에 대해 어떤 가치를 느끼고 있니?"	자기 기준 회복
지나친 자기비판	낮은 자존감	"그 비판 속에 어떤 기대가 담겨 있었을까?"	자기 연민과 수용 강화
지나친 논리 중심	감정 억제	"논리를 넘어 네 마음은 뭐라고 말하고 있을까?"	감정과 이성의 통합
판단에 매몰됨	존재로부터의 분리	"이 판단 속에 감추어진 너의 두려움은 무엇일까?"	판단을 도구로 보고 존재를 중심에 두기

자아 이성은 잘 훈련될 경우, '존재의 언어를 해석하는 철학자'로 기능한다. 그러나 그것이 왜곡되면 '자신을 억누르는 검열자'로 작용한다. 존재 중심 코칭은 이 검열자를 다시 '대화자'로 회복시키는 과정이다. 코칭은 사고의 구조를 해체하고, 사고 너머에 있는 '존재'의 의도를 탐색하게 함으로써, 자아 이성이 본래의 목적에 부합하도록 재조직되도록 돕는다. 이는 단순한 논리적 오류를 교정하는 작업이 아니라, 삶의 해석 틀 자체를 전환하는 고차원적 접근이다.

3. 존재 중심 코칭 질문 예시

- "그 판단은 너의 것일까, 아니면 누군가의 기대일까?"
- "그 생각을 계속 붙잡고 있는 이유는 무엇일까?"
- "너의 마음과 생각이 서로 다른 말을 할 때, 너는 누구의 편을 들어줄까?"
- "지금 이 판단 속에서 너의 존재는 어떤 메시지를 주고 있니?"
- "그 비교는 너의 고유한 길에 어떤 영향을 주고 있니?"
- "너는 언제 가장 너답다고 느끼니?"
- "너의 생각이 너를 지지할 때, 어떤 에너지가 생기니?"
- "이 판단을 떠올릴 때, 너의 몸은 어떤 반응을 보이니?"
- "그 생각을 멈추었을 때, 네 안에 어떤 공간이 생기니?"
- "그 생각 속에 숨겨진 두려움이나 기대는 무엇이었을까?"
- "지금 너의 존재는 어떤 새로운 시선을 제안하고 있을까?"

이러한 질문은 자아 이성을 억제하기보다는, 존재의 뿌리로 연결되도록 유도한다. 판단을 넘어서 자신의 존재를 다시 만나는 것이 코칭의 목적이다. 사고를 다룰 때 사고 그 자체보다, 사고를 통해 드러나는 내면의 존재 상태에 초점을 맞추는 것이 존재 중심 접근의 핵심이다.

4. 코칭 언어 전략

- 자기 해석의 확장: "그건 너의 관점 중 하나일 수 있어. 다른 시선에서 본다면 어떤 가능성이 있을까?"
- 메타 인지 활성화: "지금 그 판단을 하는 너 자신을 바라본다면 어떤 표정을 짓고 있을까?"
- 존재 언어로 전환: "넌 지금 어떤 존재로서 그런 판단을 하는 걸까?"
- 자기 수용 유도: "그 판단조차도 너를 지키고자 하는 시도였을 수 있어."
- 이성+감정 통합 언어: "네 생각은 이런데, 네 마음은 어떤 이야기를 하고 있니?"
- '너 자신에게 말하기' 유도: "그 생각을 네가 가장 사랑하는 사람에게 말한다고 하면, 어떤 말로 바꾸고 싶니?"
- 존재 메시지 번역: "그 판단은 네 존재가 너에게 던지는 메시지일지도 몰라. 어떤 메시지로 들리니?"

자아 이성을 다룰 때는, 코치의 언어가 평가로 들리지 않도록 중립성, 존재 존중, 비개입성이 필수이다. 코치는 판단에 맞서지 않고, 판단을 만든 내면의 필요를 이해하며, 새로운 해석과 존재 자각으로 이어지는 작은 전환을 촉진하는 역할을 한다.

5. 실습 예시

상황: 학생이 시험 점수 때문에 자책하며 '나는 머리가 나쁘다'고 말함

기존 반응: "그 점수로 머리가 나쁘다고 할 수는 없어. 네가 노력이 부족했던 거지."

존재 중심 코칭 흐름:

코치: "그런 생각이 들 정도로 실망스러웠나 봐. 지금 네 안의 존재는 어떤 마음이니?"

학생: "그냥 다 부정당한 느낌이에요. 아무리 해도 안 될 것 같고…."

코치: "그렇게 생각하게 된 배경에는 어떤 목소리가 있었을까?"

학생: "항상 잘해야 한다는 생각이요. 그렇지 않으면 저를 인정할 수 없거든요."

코치: "그렇구나. 그 생각은 너를 지켜주는 방식이었을지도 몰라. 하지만 이제는 네 존재가 어떤 다른 말을 하고 있지는 않을까?"

학생: "그냥… 노력하는 나를 인정해주고 싶어요."

코치: "바로 그 마음. 너의 존재가 지금 너에게 가장 말해주고 싶은 이야기가 아닐까?"

자아 이성에 대한 존재 중심 코칭은 청소년이 자기 사고의 틀을 다시 보고, 거기서 벗어나 자신을 새롭게 조직하도록 돕는다. 특히 사고의 주체로서 자신의 존재를 새롭게 만나도록 안내할 때, 청소년은 비로소 삶의 주인이 된다.

6. 교육 통합 전략

- '사고 틀 바꾸기' 수업: 일상적 상황에서 다양한 시각으로 사건을 해석해보는 연습
- '비교 멈춤 프로젝트': SNS와 현실 비교를 내려놓는 훈련과 자기 기준 설정 활동
- '존재 에세이' 쓰기: '나는 누구인가', '나는 왜 그렇게 생각하는가' 등을 글로 표현하며 자기 정체성 탐색
- '자기 대화 일기' 쓰기: 판단이 일어났을 때 그 내면의 대화를 기록하는 훈련
- '생각 밖으로 나오기' 그룹 활동: 서로의 고정관념을 공유하고 질문으로 전환해보기
- '내 사고 구조 그리기' 활동: 특정 사건에 대해 나의 해석이 어떻게 형성되었는지 시각화해보기

- '존재 선언문 쓰기': 나는 어떤 존재인가에 대해 자신의 언어로 정기적으로 선언문 작성
- '존재 기반 사고 훈련': 논리와 직관을 통합하는 훈련으로, 질문의 차원과 사고의 깊이를 함께 확장

7. 결론

자아 이성은 존재의 통역자이자 조력자이다. 이를 억제하거나 비판하는 것이 아니라, 더 깊은 존재와 연결되도록 이끌어주는 것이 코칭의 역할이다. 자아 이성을 고요히 들여다보고, 그 언어를 해석할 수 있을 때, 청소년은 자기 삶을 자기 관점에서 선택할 수 있는 힘을 갖게 된다. 존재 중심 인성교육은 이 선택의 자유를 지지하는 교육이며, 코칭은 그 선택의 힘을 언어화하고 경험하게 하는 도구다.

제8장
양심의 기질:
이상과 현실을 통합하다

양심은 단순한 도덕 판단 능력을 넘어, 인간의 존재 중심에서 '어떻게 살아야 하는가'라는 질문에 응답하는 내면의 나침반이다. 기질로서의 양심은 선과 악의 판단을 넘어, 자신의 삶을 책임지는 기준과 방향성을 형성한다. 이는 단지 외부 규범을 따르는 순응의 차원이 아니라, 내면화된 가치와 이상을 삶의 실천으로 이끄는 에너지다.

심리학적으로는 초자아(Superego)의 기능과 맞닿아 있으며, 발달 심리학에서는 청소년기의 도덕성 발달, 가치 내면화 과정과도 밀접하다. 양심의 기질은 사람마다 그 기준과 판단 방식이 다르다는 점에서 개인차를 지닌다. 어떤 이는 외부 기준에 민감하게 반응하고, 또 어떤 이는 내적 기준에 따라 스스로를 판단하며 행동한다.

이 장에서는 양심의 기질이 어떻게 형성되고 작동하는지, 왜곡될 경우 어떤 부작용이 나타나는지를 다루며, 존재 중심 코칭이 이러한 기질을 어떻게 회복적으로 다루는지를 살펴본다.

1. 기질의 정의와 심층 구조

양심의 기질은 인간 존재의 도덕적, 윤리적 중심축이다. 단순히 외부 규범을 따르는 것을 넘어서, 내면화된 가치와 이상을 기준으로 자기 삶을 조율하고자 하는 깊은 존재의 에너지다. 이 기질은 인간이 '무엇이 옳은가'라는 도덕적 물음에 머무르지 않고, '나는 어떤 존재로 살아갈 것인가'라는 정체성과 방향성의 물음에까지 확장된다. 즉, 단순한 도덕 판단을 넘어 삶의 철학과 실천적 통합을 지향하는 고차원적 기질이다.

양심의 기질은 다양한 인지적, 정서적, 행동적 요소를 포함하고 있으며 다음과 같은 심층 구조를 갖는다.

- 도덕적 직관: 옳고 그름에 대한 직감적 판단 능력으로, 문화나 교육을 초월해 작동하는 본능적 인식
- 자기 이상과의 비교: 현재 자신과 도달하고자 하는 자기 이상 사이의 간극을 인식하고 이를 줄이려는 내적 동기
- 책임감의 내면화: 타인이나 규범에 의한 외적 강제보다, 자율적인 판단과 기준에 의한 책임 수용
- 비판적 자기 성찰: 자신의 행동, 동기, 결과를 복합적으로 조망하며 개선점을 모색하는 반추 능력
- 도덕적 감수성: 타인의 고통, 감정, 권리에 대한 민감한 감지

와 이에 대한 내면의 반응

- 자기 정당화와 자기 검열: 자신의 선택과 행동을 지속적으로 검토하며 윤리적으로 정당한지를 평가하는 능력
- 수치심과 죄책감의 민감성: 도덕적 기준에서 벗어났다고 판단될 때 강하게 반응하며, 내면의 통찰로 연결될 수 있음
- 일관성과 정직성의 추구: 외면적 행동과 내면의 기준 사이의 일치를 추구하는 강력한 압력과 욕구

이러한 양심 기질은 인간이 단순히 생존을 넘어서, 의미 있는 삶을 살아가고자 할 때 그 중심에 작동하는 중요한 원리다. 양심 기질이 약화되면 삶은 외부 평가에 휘둘리고 무기력해지며, 반대로 과잉되면 자기 억압이나 강박, 완벽주의로 흐를 수 있다. 따라서 이 기질은 내면의 윤리적 기준과 현실 수용의 균형 위에서 건강하게 성장할 때, 자기 통합성과 삶의 방향성을 부여하는 힘이 된다.

2. 발달 과정과 청소년기에 나타나는 특징

청소년기는 양심의 기질이 급속도로 발달하며, 자아정체성과 윤리의식이 밀접하게 연결되는 시기다. 이 시기의 양심 기질은 도덕적 규범에 대한 외재적 수용을 넘어서 내면화된 기준으로 전환되며, 다음과 같은 특징을 보인다.

- 완벽주의 경향 증가: 스스로 세운 높은 윤리적 이상에 미치지

못할 경우 자기비판과 좌절감이 깊어짐
- 강한 죄책감 반응: 아주 작은 잘못에도 큰 도덕적 실패로 해석하며 자기 자신에 대한 신뢰를 잃음
- 또래와의 비교 민감성: 자신보다 도덕적 기준이 높거나 사회적 인정을 받은 또래와의 비교로 자기효능감이 저하됨
- 도덕적 갈등 상황 빈번: 친구, 가족, 학교에서 윤리적 가치가 충돌하는 상황을 자주 경험하며 내면의 혼란이 증대
- 자기 이상 추구 강화: 스스로 설정한 도덕적 이상이 뚜렷해지는 동시에 현실 자아와의 거리감으로 인해 긴장감 상승
- 양가감정과 자기 검열 반복: 스스로에 대한 정당화와 비판이 지속적으로 교차하며 심리적 에너지의 소모가 큼

이러한 특징은 청소년이 자아를 윤리적으로 통합하려는 긍정적 움직임인 동시에, 과도할 경우 정서적 불안, 수치심, 자기혐오로 이어질 수 있다. 따라서 청소년기의 양심 기질은 이해와 수용, 조율의 대상이지 억압하거나 무시할 요소가 아니다. 교사나 부모는 아이의 자율성을 존중하면서, 윤리적 갈등 속에서 의미를 찾고 기준을 유연하게 조정할 수 있도록 도와야 한다. 또한 실수와 실패를 성장의 재료로 받아들이는 관점을 심어주는 것이 중요하다.

3. AI 시대에서의 왜곡된 발현과 사회적 도전

현대 사회는 디지털 네트워크와 AI 기반 알고리즘에 의해 빠르

게 재구조화되고 있으며, 이는 양심의 기질에도 깊은 영향을 미치고 있다. 다음과 같은 왜곡된 양상이 주요하게 관찰된다.

- 편집된 자아 이미지와의 동일화: SNS에서 필터링된 이미지와 비교하며 실제 자기를 수치스럽게 느끼는 현상 증가
- 윤리 기준의 상대화와 혼란: 온라인에서의 다원적 가치 체계가 절대적 기준의 붕괴로 이어져 혼란 야기
- 반응 중심의 도덕 판단: 외적 피드백(댓글, 좋아요 등)이 행동의 윤리성 판단 기준으로 오용
- 자기 검열 과잉: 소셜 미디어에 의한 과잉 노출로 인해 표현을 억제하고 자기 검열이 심화
- 수치심의 대중화: 실수가 온라인상에서 빠르게 확산되며 사회적 낙인이 형성되는 디지털 수치심 문화 확산
- 외부 승인 중심 정체성 형성: 자신의 내면 윤리보다 타인의 평가에 기초한 가치관과 자기 이미지 구축

이러한 사회적 구조는 청소년의 양심 기질에 과도한 자극을 가하며, 자기 기준의 부재와 정체성 혼란을 낳는다. 존재 중심 코칭은 이 왜곡을 교정하려 하지 않고, 오히려 청소년이 자신만의 윤리적 기준과 정체성을 재구성하도록 돕는다. "이 기준은 내 것인가?", "나는 어떤 사람으로 살고 싶은가?"라는 질문을 통해 내면을 재정렬하고, 삶의 윤리적 나침반을 스스로 설정하도록 안내하는 것이 핵심이다.

4. 존재 중심 코칭의 전략과 질문

존재 중심 코칭에서 양심 기질은 단순한 도덕교육의 대상이 아니라, 존재의 방향성과 일치된 삶을 살아가도록 돕는 중요한 축이다. 현실 자아와 이상 자아 사이의 긴장을 조율하고, 윤리적 기준을 내면화할 수 있도록 다음과 같은 전략과 질문이 활용된다.

- 자기 이상에 대한 명료화: "당신이 정말로 되고 싶은 사람은 누구인가요?"
- 기준의 유연성 탐색: "그 기준은 언제 만들어졌고, 지금도 당신에게 유효한가요?"
- 자기비판의 재구조화: "당신은 지금 자신에게 어떤 언어를 사용하고 있나요? 그 언어는 누구의 것인가요?"
- 윤리 기준의 출처 확인: "이 기준은 당신이 진심으로 동의한 것인가요, 아니면 주입된 것인가요?"
- 실수의 재해석: "이 경험이 당신을 어떤 방향으로 성장시킬 수 있을까요?"
- 가치 기반의 재정렬: "당신이 지키고 싶은 가장 중요한 가치는 무엇인가요?"

심화 질문 예시:
- 이 이상은 언제, 어떤 사건을 계기로 형성되었나요?
- 당신의 기준은 다른 사람에게도 동일하게 적용되었나요?
- 현재 느끼는 죄책감은 어떤 내면의 기준에서 비롯되었나요?

- 실패를 통해 당신이 얻은 교훈은 무엇인가요?
- 당신은 자신에게 어떤 말을 해주고 싶나요?
- 왜 타인에게는 관대하면서 자신에게는 그렇지 못한가요?

이러한 질문들은 청소년이 자신의 내면 윤리를 자각하고, 억압이 아닌 성장의 동기로 활용할 수 있도록 돕는다. 코칭은 이상과 현실 사이의 간극을 고통이 아닌 진실의 탐색으로 전환시키며, 양심의 기질을 자기 삶의 중심축으로 복원하는 과정을 설계한다.

5. 실제 사례 분석 및 적용 예시

사례 1: 실수 후 자책하는 중학생 G양

G양은 발표 도중의 작은 실수를 큰 실패로 해석하고, 반복적으로 자책하면서 "나는 왜 이렇게 바보 같을까"라는 생각에 빠져든다.

→ 코칭 개입: "그 실수 하나가 당신 전체를 말해주나요? 그 외의 순간들에서 당신이 잘한 점은 무엇인가요? 이 기준은 당신을 도와주고 있나요, 아니면 억누르고 있나요?"

사례 2: 도덕적 딜레마에 놓인 고등학생 H군

H군은 친구의 부정행위를 목격했으나, 이를 알리는 것이 친구에 대한 배신인지 정의로운 행동인지 혼란스러워한다.

→ 코칭 개입: "이 상황에서 가장 지키고 싶은 가치는 무엇인가요? 그 가치를 지킬 때, 당신은 어떤 사람이 될 것 같나요? 어떤 선

택이 후회 없는 결정이 될 수 있을까요?"

사례 3: 자기 정체성 혼란을 겪는 청소년 I양

I양은 SNS 상의 친구들과 자신을 비교하면서, 스스로를 초라하게 느끼고 자신의 가치 기준이 무너지고 있음을 경험한다.

→ 코칭 개입: "당신의 기준은 어디서 온 것인가요? 당신이 진짜 원하는 것은 무엇인가요? 타인의 기준이 아닌, 당신만의 삶의 방향은 어떤 모습인가요?"

6. 교육적 실천 과제와 교사·부모의 역할

양심의 기질을 교육적으로 실천하기 위해서는 다음과 같은 구체적인 전략이 요구된다.

- 실패를 수용하는 학습 환경 조성: 학생이 실수나 실패를 성장의 일부로 자연스럽게 받아들일 수 있도록 격려
- 기준의 다양성에 대한 존중: 한 가지 정답이 아닌 다양한 윤리 기준이 공존할 수 있음을 인식하게 함
- 긍정적 자기 언어 사용: 자기 수용적 언어를 통해 청소년이 자기 존재를 긍정할 수 있도록 지도
- 회복 중심의 반성 훈련: 실수 이후 자책이 아닌, 회복과 개선을 위한 구조화된 피드백 제공
- 자기비판의 패턴 인식 교육: 반복되는 자책의 언어를 스스로

탐지하고 바꿀 수 있는 감지력 훈련

- 윤리적 시뮬레이션: 가상의 상황에서 도덕적 딜레마를 체험하고 토론하며 자기 기준 정립
- 자기 공감 훈련: 타인뿐 아니라 자신에게도 관대하고 친절하게 대하는 공감 감수성 강화
- 삶의 가치 탐색 기회 제공: 자기 삶의 의미, 가치, 방향에 대해 깊이 있는 대화를 나눌 수 있는 시간 마련

7. 결론

교사와 부모는 청소년의 양심 기질이 억압이 아닌 통합으로 작동하도록 돕는 촉진자가 되어야 한다. 판단이 아닌 이해, 규범이 아닌 존재로 바라보는 시각으로 다가갈 때, 청소년은 자기 삶의 윤리적 방향을 스스로 설계할 수 있는 힘을 얻게 된다. 존재 중심 코칭은 그 힘을 키우는 교육의 새로운 틀이자, 인간 존엄을 회복하는 길이 된다.

제9장

초자아 양심 × 존재 중심 코칭

양심(conscience)은 인간 내면의 도덕적 나침반이자, 옳고 그름에 대한 직관적 판단과 자기 규율의 중심이 되는 기질이다. 단순한 윤리적 규범의 수용이 아니라, 내면화된 가치 기준과 도덕적 이상을 바탕으로 선택과 행동을 조율하게 만드는 근본 동기다. 인간은 누구나 사회 안에서 살아가며 타인과 관계 맺고, 공동체의 일원으로 책임을 지며 살아간다. 그 모든 상황에서 우리를 이끌고 조율하는 내면의 기준이 바로 양심이다.

양심은 성장 과정 속에서 외부의 규범을 받아들이고, 그것을 자기 기준으로 통합하는 과정을 통해 형성된다. 그러나 단순히 타인의 기준을 모방하거나 두려움으로 순응하는 것이 아니라, 자기 존재 안에 있는 본질적 선의 감각, 즉 존재로부터 올라오는 도덕적 감응을 인식하고 따를 수 있을 때, 양심은 진정한 자기 통제의 힘이 된다. 존재 중심 코칭에서는 이러한 양심을 단지 '행동의 옳고 그름'을 판별하는 수단으로 보지 않고, 존재의 핵심에서 일어나는 진리의 울림으로 이해한다.

특히 청소년기에는 양심이 외부 규율에 의한 복종에서 내면의 기준으로 이동하는 전환점에 있다. 이 시기의 청소년은 자기 안의 옳고 그름에 대한 감각을 키워가며, 타인의 시선과 외적 보상 대신 자기 내면의 소리에 귀를 기울이는 연습이 필요하다. 하지만 이러한 전환은 결코 단순하지 않다. 외부 기대와 비교, 처벌과 보상의 체계 속에서 진정한 양심은 침묵하거나 왜곡되기 쉽기 때문이다.

존재 중심 코칭은 청소년이 자기 내면의 진실한 목소리를 발견하고, 타인의 평가를 넘어서 자신이 옳다고 믿는 길을 선택할 수 있도록 돕는다. 이는 도덕 강의나 윤리 교육의 방식이 아닌 질문과 경청, 진실한 동행을 통해 이뤄지는 내면의 여정이다. 양심은 누군가로부터 주어지는 것이 아니라, 스스로가 발견하고 확인해야 할 '존재의 소리'이다. 따라서 코칭은 그 소리를 탐색하고 말할 수 있도록 돕는 공간이 되어야 한다.

또한 양심은 단순히 도덕적 판단의 기능을 넘어서, 존재 전체를 조율하는 중심 에너지이기도 하다. 감정, 이성, 욕구, 정서가 서로 충돌할 때, 양심은 그 모든 요소를 통합해 나아갈 방향을 제시하는 나침반 역할을 한다. 코칭에서는 이러한 통합의 가능성을 열어주며, 청소년이 스스로 조화로운 삶을 설계할 수 있도록 이끈다. 양심은 삶의 깊이를 더해주는 핵심 기질이며, 존재 중심 인성교육의 필수 축이다.

1. 초자아 양심이란 무엇인가

초자아 양심은 인간의 도덕성, 윤리적 판단, 선악에 대한 내면의 기준을 말한다. 이는 어린 시절 부모와 사회로부터 내면화된 가치관, 규범, 금기 등이 축적되어 형성된다. 초자아는 개인의 욕구와 행동을 통제하고 올바른 방향으로 인도하려는 '내면의 목소리'로 작용한다. 청소년기는 자율성과 사회적 책임감 사이에서 긴장과 갈등이 고조되는 시기로, 초자아 양심이 강하게 작용할수록 도덕적 이상은 높지만 자기비판도 강해지며, 자기 죄책감과 도덕적 불안에 시달릴 가능성도 커진다.

초자아 양심은 본래 '존재를 도와주는 안내자'로 기능한다. 그러나 사회적 압박이나 신앙적 율법주의, 혹은 교육적 평가 구조가 과도하게 작용할 경우, 이 초자아는 '억압자' 또는 '심판자'로 변질된다. 이때 청소년은 내면의 엄격한 자기 검열로 인해 자유롭게 사고하고 감정 표현을 하기 어려워지며, 자신을 있는 그대로 받아들이지 못하게 된다. 존재 중심 코칭은 이 억압된 초자아의 목소리를 경청하되, 그것이 전달하려는 '존재의 본래 의도'를 해석하고, 양심의 순수한 에너지를 회복하는 여정을 제안한다.

2. 초자아의 왜곡과 존재 중심 전환

왜곡된 표현	초자아의 그림자	존재적 질문	존재 중심 전환 방향
과도한 죄책감	자아 위축	"그 죄책감의 진짜 메시지는 무엇일까?"	자기 용서와 회복으로 이동
도덕적 이상화	현실 회피	"그 기준은 누구의 것인가? 너의 진심인가?"	현실 기반의 자기 윤리 형성
자기 희생에 대한 강박	조건화된 전략	"너는 어떤 존재로서 그런 선택을 하고 있니?"	자기 존재의 무조건적 가치를 인식
타인을 위한 순응	내면의 억압	"네 진짜 감정은 지금 뭐라고 말하고 있니?"	순응을 넘은 주체적 관계 맺기
기준 위반에 대한 강한 자기비판	존재 부정	"그 실수에도 불구하고 너는 여전히 어떤 존재인가?"	존재의 조건 없는 존중 회복

초자아의 언어는 명령, 비판, 금지의 어조로 나타나기 쉽다. 존재 중심 코칭은 이 내면의 목소리와 싸워서 이기거나 무시하는 것이 아니라, 이 목소리 이면의 긍정적 의도를 찾아내어 통합하는 방향으로 초점을 맞춘다. 그렇게 함으로써 청소년은 양심의 음성을 자기 존재의 정체성과 연결된 도덕적 나침반으로 회복시킬 수 있다.

3. 존재 중심 코칭 질문 예시

- "그 죄책감이 너에게 무엇을 알려주려는 걸까?"
- "그 도덕 기준은 네가 진심으로 믿는 기준일까, 아니면 배운 기준일까?"
- "너는 언제 가장 자유롭게 양심의 소리를 들을 수 있었니?"
- "그 '해야만 한다'는 생각은 네 존재에 어떤 무게를 주고 있을까?"
- "타인을 위한 선택이 아니라, 너의 존재가 원하는 선택은 무엇일까?"
- "그 실수 이후에도, 너의 본질은 어떻게 남아있니?"
- "비판보다 너를 회복시키는 목소리는 어떤 목소리일까?"
- "그 기준이 네 삶에 어떤 에너지를 만들어내고 있니?"
- "너의 양심이 아닌, 너의 존재는 뭐라고 말하고 있니?"
- "너의 존재는 어떤 선택을 지지하고 있니?"

이 질문들은 청소년이 내면의 비판과 명령을 넘어, 존재의 언어와 연결되도록 유도한다. 그들은 자기 안의 규범적 목소리를 더 깊은 자기 이해의 계기로 전환하고, 진정한 윤리의식을 재정립하게 된다.

4. 코칭 언어 전략

- 긍정적 의도 해석: "그 비판도 너를 보호하려는 시도일 수 있어."
- 양심의 자유 회복: "네가 느끼는 옳고 그름은 너의 존재가 말하는 기준일 수도 있어."
- 무조건적 존재 존중: "그 실수 속에서도 너의 가치는 변하지 않아."
- 강박적 '해야 한다'에서 자유로움으로: "그 기준은 네게서 나왔니, 아니면 외부로부터 온 걸까?"
- 양심과 사랑의 통합 언어: "양심은 벌주려는 게 아니라 너를 돌아보게 하려는 거 아닐까?"
- 자기 존재에 대한 용서 언어: "너는 이미 충분히 괜찮은 존재야. 그 실수가 너를 결정짓지 않아."

양심을 다룰 때 코치는 결코 윤리적 판단자가 되어서는 안 된다. 오히려 청소년의 내면에서 일어나는 윤리적 고민과 자기 검열의 목소리를 '존재의 의식'으로 해석하고, 그 안에서 자유롭고 창의적인 선택을 할 수 있도록 돕는 촉진자 역할을 수행해야 한다.

5. 실습 예시

상황: 학생이 거짓말을 하고 양심의 가책을 느끼며 눈물을 흘림

기존 반응: "거짓말은 나쁜 거야. 다음부터는 솔직하게 말해야 해."

존재 중심 코칭 흐름:

코치: "그 상황이 너에게 어떤 마음을 남겼니?"

학생: "제가 진짜 나쁜 사람이 된 것 같았어요."

코치: "그 생각이 들게 만든 네 안의 목소리는 어떤 말투였을까?"

학생: "혼내는 목소리였어요. '넌 실망이야'라는…."

코치: "그 목소리 속에 어떤 기대나 아픔이 숨어있었을까?"

학생: "진짜로는… 제가 실망시키고 싶지 않았던 것 같아요."

코치: "그 마음이라면, 지금 너에게 필요한 건 처벌이 아니라 어떤 위로일까?"

학생: "그냥… 괜찮다고 말해주는 거요."

코치: "그렇다면 지금 너의 존재는 너에게 어떤 말을 건네고 있을까?"

이러한 코칭은 학생이 내면의 도덕적 목소리에서 회복적 메시지를 발견하고, 자신을 다시 수용하는 힘을 회복하게 돕는다.

6. 교육 통합 전략

- '내면의 목소리 탐색하기' 활동: 자신의 양심의 목소리를 글, 그림, 대화로 표현하기
- '해야 한다' 벗어나기 수업: 자신이 가진 강박적 도덕 기준 정리하고 재해석하기
- '존재 기반 도덕 수업': 도덕 교과 내용과 자신의 존재 경험 연결하기
- '양심 vs 존재 토론 수업': 사회적 규범과 존재의 진실한 목소리 간의 균형 토론
- '용서 프로젝트': 자기 자신을 용서하는 편지 쓰기, 용서의 힘을 탐색하는 수업
- '회복적 자기 대화' 훈련: 실수했을 때 자신과 나누는 대화 내용을 돌아보며 재구성하기
- '무조건적 수용 일기': 실수나 죄책감을 느낀 경험 이후에도 나를 수용하는 문장 연습
- '존재 선언문' 활동: 양심과 존재가 통합된 선언문을 정기적으로 쓰고 나누기

7. 결론

초자아 양심은 인간의 윤리적 자산이자 존재의 나침반이다. 존재 중심 코칭은 이 양심의 에너지를 회복하고, 청소년이 자기 존재

의 가치와 윤리적 선택 능력을 재건할 수 있도록 돕는 교육적 도구다. 코칭은 죄책감이 아닌 존재 자각을 기반으로 윤리를 세우는 새로운 인성교육의 길을 연다.

제10장

감정의 기질:
의미를 전달하는 정서의 힘

인간은 감정을 통해 세상과 관계하고, 자신과 연결되며, 타인의 존재를 인식한다. 감정은 단순히 자극에 대한 즉각적인 반응이 아니라, 개인이 경험하는 현실과 자신의 내면 사이를 연결하는 해석의 언어다. 감정은 때로 말보다 더 많은 것을 전달하며, 억압되거나 왜곡되었을 때 우리의 삶 전반에 심각한 영향을 미친다.

특히 청소년기는 감정의 에너지가 정점을 이루는 시기로, 그 힘은 삶의 방향을 바꾸거나 관계의 질을 결정짓는 중요한 전환점이 된다. 이 시기의 감정은 정제되지 않은 원석처럼 날 것의 상태로 표출되며, 이는 청소년 본인은 물론 그를 둘러싼 환경에 크고 작은 충돌을 야기한다. 하지만 감정을 억누르기보다는 읽고 해석하고 이해하려는 노력이야말로 건강한 인성 형성의 핵심 열쇠다.

이번 장에서는 감정이 어떻게 인간의 기질로 작용하고, 청소년기의 감정이 어떤 특징과 도전을 갖는지를 살펴본다. 또한 AI 시대의 감정 왜곡 현상을 짚고, 존재 중심 코칭이 감정의 진정한 메시지를 어떻게 포착하고 전환시킬 수 있는지 탐색한다. 마지막으로 교사와 부모가 감정이라는 기질을 어떻게 다루어야 하는지, 실제 사례를 통해 교육적 시사점을 제시할 것이다.

1. 기질의 정의와 심층 구조

감정의 기질은 인간 존재의 핵심적 표현 방식이자, 환경과 관계 속에서 자신을 어떻게 인식하고 반응하는지를 결정짓는 내면의 에너지 체계다. 감정은 단지 기분의 변화가 아니라, 인간 존재가 외부 자극에 대해 반응하며 그 경험에 의미를 부여하는 방식이다. 감정의 기질은 매우 개인적이면서도 관계적이며, 신체적 자극, 심리적 해석, 사회적 상호작용이 복합적으로 얽혀서 형성된다.

이 기질은 다음과 같은 심층 구조로 분석할 수 있다.

- 감정 인식 능력: 감정의 출현을 빠르게 인지하고, 이를 언어로 명확히 표현할 수 있는 민감성
- 감정 표현의 스타일: 감정을 외부로 드러내는 방식, 즉 직설적이거나 간접적인 표현 습관
- 감정 해석의 프레임: 감정을 단순한 반응이 아닌 메시지로 해석할 수 있는 인지적 구조
- 감정 반응의 속도와 강도: 자극에 반응하는 정서의 민감도, 충동성, 감정의 크기와 속도

- 감정 지속성: 감정이 시작된 이후 얼마나 오랫동안 영향을 끼치는지를 나타내는 정서의 지속력
- 공감 능력과 정서 조율: 타인의 감정을 읽고 그에 맞춰 자신의 감정을 조정하는 능력
- 감정과 행동의 연결성: 감정에 따라 행동이 얼마나 직접적으로 이어지는지를 결정하는 연결 구조
- 감정의 기억과 재생: 과거의 감정 경험이 현재 감정 반응에 미치는 영향

감정의 기질은 단지 개인적인 차원을 넘어, 인간이 어떻게 관계를 맺고, 자신을 이해하며, 세상을 해석하는지를 결정짓는 핵심 도구다. 이 기질이 억압되면 정서적 둔감, 무기력, 자기표현의 어려움으로 이어지고, 반대로 과잉되면 감정 과민성, 충동 행동, 관계 피로 등의 문제가 발생할 수 있다. 건강한 감정 기질은 감정을 적절히 인식하고, 의미화하고, 수용할 수 있을 때 형성된다.

감정의 기질은 인간 정체성과 자존감, 사회성과 창의성에 깊은 영향을 미친다. 감정이 잘 조율되지 않으면 인간관계의 갈등, 자기 효능감 저하, 심리적 위축으로 이어질 수 있으며, 반대로 감정을 잘 다루면 타인과의 깊은 신뢰를 형성하고 삶의 질을 높일 수 있다. 따라서 감정의 기질은 교육, 심리상담, 리더십, 코칭의 핵심 요소로 다루어져야 하며, 조기에 감정 교육과 자기 인식 훈련이 필요하다.

2. 발달 과정과 청소년기에 나타나는 특징

청소년기는 신체적 변화와 함께 정서 체계가 급격히 확장되는 시기다. 감정은 단지 자극에 대한 반응을 넘어서, 자기 정체성을 확인하고, 타인과의 관계에서 자신을 정의하는 주요 통로가 된다. 이 시기의 감정 기질은 다음과 같은 특징을 드러낸다.

- 감정 기복의 심화: 같은 하루 안에서도 감정이 급변하며, 기분 변화에 대한 통제력이 약해짐
- 감정 언어의 미성숙: 감정을 세밀하게 표현할 언어적 도구가 부족하여 단순한 말로 표현하거나 말하지 않음
- 억제와 폭발의 이중 구조: 가족이나 학교에서 감정을 억제하다가, 안전하다고 느끼는 공간에서 갑작스런 감정 폭발
- 타인의 시선에 대한 과도한 반응: 또래 관계에서의 평가나 무시에 감정적으로 깊이 반응함
- 감정 중심적 판단 경향: 이성보다는 감정에 따라 결정을 내리거나 행동하는 경향이 강화됨
- 자아와 감정의 동일시: "나는 지금 슬퍼 = 나는 무가치해"라는 방식으로 감정과 자존감이 결합됨
- 감정 기억의 강화: 특정 감정 경험이 뇌에 깊이 각인되어, 유사한 상황에서 반복 반응을 유발함

청소년기는 감정이 풍부한 시기이자 감정이 취약한 시기이다. 정체성 형성, 독립성 추구, 사회적 역할 탐색 등 여러 이슈들이 감

정을 촉진하거나 억압하는 요소로 작용한다. 따라서 청소년의 감정은 그 자체로 소중한 성장의 자원이며, 이를 억누르거나 비판하기보다는 안전하게 탐색할 수 있는 환경이 필요하다.

감정의 기질을 건강하게 다루기 위해서는 자기감정을 알아차리고 말로 표현할 수 있는 언어 능력, 감정의 원인을 해석할 수 있는 인지 구조, 타인의 감정을 인식하고 조율할 수 있는 사회적 기술이 함께 훈련되어야 한다.

3. AI 시대에서의 왜곡된 발현과 사회적 도전

디지털 환경, 특히 AI 알고리즘과 소셜미디어 중심의 문화는 감정의 기질에 심각한 왜곡을 초래하고 있다. 감정의 즉각성, 표현의 압축성, 피드백의 가시화는 다음과 같은 도전을 만들어낸다.

- 감정의 상업화: 감정 표현이 브랜드화되고, 공감보다는 주목을 위한 감정 연출이 강화됨
- 감정 간접화 현상: 실제 감정을 표현하기보다는 이모티콘, 밈, 필터 등을 사용하여 감정을 대체함
- 정서 자극 과잉: 감정적으로 자극적인 콘텐츠에 반복 노출되면서 감정 반응이 둔화되거나 왜곡됨
- 감정의 분절화: 장면 전환이 빠른 디지털 콘텐츠 환경에서 감정의 연속성과 깊이가 줄어듦
- 정서적 자기 이미지의 왜곡: SNS에서 보여지는 감정과 실제

감정 사이의 간극으로 인한 자아 왜곡

- AI 기반 감정 추천 시스템의 영향: 알고리즘이 사용자의 감정 상태를 추정하고 콘텐츠를 추천함으로써 감정 자율성 저하

디지털 기술이 발달하면서 감정은 개인의 소유물이 아닌, 외부에서 조작 가능하고 측정 가능한 데이터로 취급되기 시작했다. 이로 인해 감정의 자발성은 줄고, 피드백 중심의 감정 연출이 증가하며, 내면 감정보다 외부 수용성이 더 중요시되는 문화가 형성된다. 청소년들은 감정의 주인이 아니라 감정의 소비자 또는 연출자로 전락할 위험에 처해 있다.

존재 중심 코칭은 이러한 왜곡을 교정하려 하지 않고, 청소년이 자기감정의 흐름을 스스로 자각하고, 해석하고, 주체적으로 사용할 수 있도록 안내한다. 감정은 숨겨야 할 것이 아니라, 삶의 길을 밝혀주는 등불이다. 감정은 단지 자극의 반응이 아니라, 존재의 진실한 소리를 담고 있는 메시지다.

4. 존재 중심 코칭의 전략과 질문

존재 중심 코칭은 감정을 제거하거나 조절하려는 시도보다, 감정을 깊이 이해하고 존중하며, 그 감정의 메시지를 존재의 언어로 전환하는 데 초점을 둔다. 이를 위한 전략은 다음과 같다.

- 감정의 지도를 함께 그리기: "그 감정을 시간의 흐름으로 본다

면, 언제 시작되고 어떻게 변화되었나요?"

- 감정의 인격화 시도: "만약 이 감정이 말할 수 있다면, 당신에게 어떤 이야기를 할까요?"
- 감정과 욕구의 연결: "이 감정 아래 숨겨진 당신의 필요나 바람은 무엇인가요?"
- 감정의 반복 패턴 탐색: "이 감정을 느낄 때마다 반복되는 상황이나 생각이 있나요?"
- 감정 수용 훈련: "이 감정을 완전히 거부하지 않고 받아들이면, 어떤 변화가 생길까요?"
- 감정과 삶의 가치 연결: "이 감정이 당신에게 중요하다는 건, 당신이 어떤 가치를 중요하게 여긴다는 뜻일까요?"

이러한 전략은 감정을 통제 대상이 아니라 탐색 대상, 회피가 아니라 수용과 통합의 대상으로 여길 수 있도록 안내하며, 감정에 숨겨진 진실과 욕구, 가치를 발견하게 한다.

심화 질문 예시:
- 이 감정은 당신의 어떤 기억과 연결되나요?
- 감정을 억눌렀을 때와 표현했을 때, 당신 안에서 어떤 차이가 생기나요?
- 감정을 표현한 이후 당신은 자신을 더 이해하게 되었나요?
- 감정을 통해 알게 된 당신의 중요한 기준은 무엇이었나요?
- 당신이 감정을 표현할 수 있는 안전한 공간은 어디인가요?
- 지금 이 감정은 당신의 어떤 정체성과 연결되나요?

- 이 감정을 가장 처음 배운 순간은 언제였나요?

5. 실제 사례 분석 및 적용 예시

사례 1: 감정을 감추는 습관이 있는 중학생 M양

M양은 친구들과의 갈등에서 늘 웃으며 넘기지만, 혼자 울거나 자책한다. 주변에서는 그녀가 감정이 없다고 착각한다.

→ 코칭 개입: "웃는 당신 뒤에 숨은 감정은 무엇인가요? 그 감정을 누군가가 진심으로 들어준다면, 당신은 어떻게 반응할까요?"

사례 2: 수시로 분노를 폭발시키는 고등학생 N군

N군은 사소한 일에도 크게 화를 내며, 이후 스스로를 통제하지 못하는 자신을 자책한다.

→ 코칭 개입: "화가 날 때마다 당신이 가장 지키고 싶은 것은 무엇인가요? 분노가 당신에게 어떤 말을 하고 있다고 느껴지나요?"

사례 3: 감정을 느끼지 않으려는 청소년 O양

O양은 과거 트라우마 이후 감정을 느끼지 않으려 하며, 무표정과 무반응으로 일관한다.

→ 코칭 개입: "감정을 느끼는 것이 위험하다고 느끼셨던 경험은 언제였나요? 지금은 그 감정을 다시 마주해볼 수 있는 준비가 되었을까요?"

이러한 사례는 감정 기질이 단순히 성격의 일부가 아니라, 존재의 언어이며 생존과 성장, 회복과 변화의 경로임을 보여준다.

6. 교육적 실천 과제와 교사·부모의 역할

감정의 기질을 건강하게 성장시키기 위해서는 다음과 같은 교육적 실천이 필요하다.

- 감정 사전 만들기: 다양한 감정 단어를 시각화하여 감정 표현의 언어적 도구 확장
- 감정 공유의 루틴화: 수업 시작 전 감정 체크-인, 하루 마무리 감정 나누기 등의 루틴 도입
- 감정 중심 피드백 방식: 잘했나 못했나보다 감정에 대한 인식을 바탕으로 한 피드백 구조 도입
- 정서 문해력 수업: 감정의 구성요소, 종류, 표현 방식을 이해하는 수업 마련
- 가족 감정 대화 시간: 일상에서 감정에 대해 자연스럽게 대화하는 가정 문화 조성
- 감정 관찰 일지 쓰기: 특정 기간 동안 감정의 흐름을 추적하고 해석해보는 실습
- 감정 연극 및 시나리오 훈련: 역할극을 통해 다양한 감정을 표현하고 이해하는 활동 설계
- 감정 수용 선언문 작성: 자신이 느낄 수 있는 모든 감정을 환

영한다는 자기 선언 연습
- 감정 리듬 만들기: 하루 또는 일주일 단위로 감정 리듬을 기록하고 흐름을 이해하는 습관 형성
- 감정 음악 일지: 특정 감정에 어울리는 음악을 듣고 감정 상태를 기록하는 감정-음악 연결 훈련

교사와 부모는 감정을 잘 통제하는 아이보다, 감정을 잘 인식하고 해석하고 표현할 수 있는 아이로 성장하도록 도와야 한다. 감정은 존재의 언어이며, 이를 존중하는 교육은 곧 인간 존재의 본질을 회복하는 길이다. 감정이 살아 있는 교실, 감정이 안전한 가정, 감정을 표현할 수 있는 공동체가 바로 감정 기질을 성장시키는 토대이다.

제11장

감정 동기 × 존재 중심 코칭

    감정은 인간 존재의 에너지 흐름을 움직이는 가장 직접적이고 즉각적인 신호이다. 감정 동기란, 외부 자극이나 내부 반응으로 인해 발생하는 감정 상태가 행동의 방향성과 강도를 결정짓는 심리적 에너지의 원천이다. 기쁨, 분노, 슬픔, 두려움, 놀람, 혐오와 같은 기본 정서는 단순한 반응을 넘어 인간이 삶을 해석하고, 자기 존재를 느끼며, 타인과 연결되는 데 중요한 역할을 한다.

    감정은 때로 사고를 왜곡하거나 충동적인 행동을 유발하기도 하지만, 감정의 뿌리를 이해하고 그 메시지를 수용하면, 감정은 존재에 대한 깊은 통찰과 삶의 방향성을 제시하는 중요한 단서가 된다. 존재 중심 코칭에서 감정은 억제하거나 교정해야 할 것이 아니라, 코칭 대화를 통해 탐색하고 드러내야 할 '존재의 언어'로 여겨진다.

    특히 청소년기는 감정 에너지가 강렬하게 분출되는 시기로, 자아 정체성과 사회적 위치에 대한 갈등 속에서 감정의 혼란을 겪기 쉽다. 이 시기의 감정 동기는 '하고 싶은 마음'과 '피하고 싶은 감정' 사이에서 진동하며, 충동적 행동이나 무기력으로 나타날 수 있다. 하지만 감정이 지닌 원천적 에너지를 정확히 읽고, 그것이 지닌 메시지를 해석하는 과정이 주어진다면, 감정은 오히려 자기 이해의 열쇠가 될 수 있다.

존재 중심 코칭은 청소년이 자신의 감정에 이름을 붙이고, 그것의 출처를 파악하며, 감정 이면에 숨겨진 존재의 갈망을 발견할 수 있도록 돕는다. 코치는 감정의 흐름에 주파수를 맞추고, 그 감정을 억제하지 않으면서도 통합적인 관점에서 해석할 수 있도록 질문과 피드백을 제공한다. 이러한 코칭은 감정을 통제하는 것이 아니라, 감정과 함께 '존재' 하는 법을 배우는 데 초점을 둔다.

감정 동기는 또한 인간관계 속에서 반복되는 패턴을 드러낸다. 분노가 자주 유발되는 관계, 슬픔이 반복되는 장면, 외면하고 싶은 감정이 떠오르는 순간은 모두 그 사람의 존재 구조와 밀접하게 연결되어 있다. 존재 중심 코칭은 이런 감정의 패턴을 추적하면서, 그 감정이 외부 상황 때문인지, 아니면 내면의 미해결 감정과 연결되어 있는지를 탐색한다. 그 과정을 통해 감정은 반응이 아니라, 자기 존재를 향한 진실한 응답이 될 수 있다.

따라서 코칭은 감정을 다루는 것이 아니라, 감정을 통로로 삼아 존재와 만나는 과정이다. 감정 동기를 존재의 호소로 이해할 때, 코칭은 단지 문제 해결이 아니라 존재의 회복을 위한 여정이 된다. 이는 청소년뿐만 아니라 성인에게도 적용되며, 감정의 자유와 조화를 통해 자기 삶을 주체적으로 살아갈 수 있는 힘을 길러준다. 감정은 존재의 맥박이며, 존재 중심 인성교육에서 반드시 주목해야 할 기질의 핵심이다.

1. 감정 동기의 의미와 인성교육에서의 위치

감정동기란 인간의 내면에서 행동이나 선택을 유발하는 정서적 에너지를 의미한다. 이는 기쁨, 슬픔, 두려움, 분노, 수치심 등 다양한 감정 상태에서 비롯되며, 그 감정이 행동에 영향을 줄 때 '동기적 감정'이 된다. 청소년기의 감정은 복잡하고 강렬하며, 자아정체성 형성과 깊이 연결되어 있다. 이 시기의 감정은 종종 급격하게 변화하며, 이러한 감정의 격동은 단순한 사춘기 현상이 아니라 '존재의 방향성'과 깊게 관련된 삶의 중요한 메시지이기도 하다.

감정은 행동을 유발하는 내적 에너지이지만 동시에 존재가 자신에게 보내는 피드백 시스템이기도 하다. 특히 청소년기에 감정은 단지 반응의 차원을 넘어 존재 인식과 연결되는 문이 된다. 감정의 흐름은 존재의 흐름이며, 감정을 이해하는 것은 곧 자기 존재의 언어를 이해하는 일이다. 따라서 감정동기는 인성교육의 부차적 요소가 아니라 중심 축이며, 존재 중심 코칭에서는 감정을 존재 탐색의 출발점으로 적극적으로 수용하고 활용한다.

기존의 인성교육은 감정을 통제하거나 억제하는 방식에 초점을 두는 경우가 많았다. 특히 부정적인 감정을 제거 대상으로 다루며, 이로 인해 많은 청소년은 자신의 감정을 죄책감이나 수치심과 함께 억누르게 된다. 그러나 존재 중심 코칭은 감정을 억누르는 것이 아니라 감정을 '존재의 신호'로 인식하고 해석하며, 그 감정을 통해 자신의 진짜 욕구와 방향성을 찾아가는 통로로 여긴다. 감정은 억제의 대상이 아니라 존재와 소통하는 언어다. 감정은 존재에 대한 반응이자 삶을 향한 메시지이며, 억압이 아닌 탐색의 출발점으로 접근해야 한다.

감정동기의 진정한 가치는 감정 자체가 아니라 그 감정이 말하고자 하는 존재의 의미에서 발견된다. 예를 들어, 슬픔은 단지 상실의 감정이 아니라, 내가 무엇을 소중히 여기는지를 말해주는 존재의 신호이다. 분노는 억울함에 대한 반응일 수 있지만, 더 깊이 들여다보면 자존감이나 정당함을 향한 갈망이 담겨 있을 수 있다. 이런 감정의 본질을 인식할 수 있도록 돕는 것이 존재 중심 코칭의 핵심이다. 감정은 진실을 드러내는 거울이며, 억압하거나 숨기기보다는 바라보고 마주해야 하는 내면의 진실이다.

2. 감정 왜곡과 존재적 전환

감정의 왜곡 표현	잠재된 에너지	존재 중심 질문	전환 방향
분노 폭발	자존감 상실	"무엇이 너를 무시당한 기분으로 만들었니?"	존재의 존엄성 회복
무기력	내면 에너지의 억제	"네 감정이 지금 말하고 싶은 건 무엇일까?"	감정 인식 → 에너지 회복
감정 회피	존재 감각 차단	"감정을 숨겨야 했던 이유는 무엇이었을까?"	감정 수용 → 자기표현

과도한 감정 기복	외부 자극 의존	"그 감정의 중심에는 어떤 너의 이야기가 있을까?"	내면 중심성 회복
감정 조절 강박	완벽주의	"지금 이 감정을 허용하면 어떤 변화가 일어날까?"	감정 허용 → 자기 수용

감정이 억압되거나 왜곡될 때, 그 감정은 파괴적인 형태로 표출되기도 하고 내면화되어 자존감과 존재감마저 잠식하기도 한다. 이처럼 왜곡된 감정은 존재의 흐름을 방해하며, 자기 자신과의 분리를 만들어낸다. 존재 중심 코칭은 이러한 감정의 왜곡을 해석하고, 그것을 본래의 방향으로 되돌려주는 '존재적 전환'을 유도한다.

감정은 방향 없는 혼란이 아니라, 자기 존재에 대한 피드백이다. 존재 중심 코칭은 청소년이 감정의 언어를 읽고, 그 언어 속에 담긴 자기의 목소리를 들을 수 있도록 돕는다. 감정은 왜곡될 때 파괴적이지만, 수용되고 해석될 때는 성장의 촉매제가 된다. 특히 반복되는 감정 패턴은 존재의 깊은 구조를 드러내는 중요한 단서가 된다.

3. 존재 중심 코칭 질문 예시

- "그 감정은 너에게 어떤 메시지를 전하려는 걸까?"
- "감정을 참았던 너의 이유는 무엇이었니?"
- "네 감정은 지금 너에게 어떤 진실을 말하고 있니?"

- "그 감정을 인정하면 너는 어떤 존재가 될 수 있을까?"
- "기쁨/분노/두려움 속에서 네 존재는 어떻게 반응하니?"
- "그 감정의 뿌리는 언제부터였을까?"
- "지금 느끼는 이 감정에 네 존재는 어떻게 반응하길 원하니?"
- "감정이 아니라 존재로 살아간다는 건 어떤 느낌일까?"
- "그 감정 속에 숨어 있는 너의 바람은 무엇일까?"
- "감정을 통제하기보다 동행한다면 너는 어떤 길을 걷게 될까?"
- "감정이 너를 이끄는 방향은 어디일까?"
- "지금 이 감정이 진짜 너를 보여주고 있다면, 너는 누구일까?"
- "그 감정의 언저리에 머무르고 있는 너의 존재는 어떤가?"
- "감정을 부정하지 않고 품을 때 너는 어떤 삶을 살게 될까?"

4. 언어 전략과 실습 활동

- 감정-욕구 연결 훈련: 감정 뒤에 숨어있는 진짜 욕구를 찾아 문장으로 표현하기
- 감정 다이어리 쓰기: 하루의 감정을 기록하고 존재 중심 해석 추가하기
- 감정 연극: 다양한 감정을 상황별로 표현하고 그 의미를 조별로 토론하기
- 감정 색깔 지도: 감정별 색깔로 자기 내면 표현하기
- 존재 선언 훈련: 감정을 도망치지 않고 껴안으며 "나는 ___한

존재다" 문장 만들기

- 감정 호흡 명상: 감정을 느끼며 호흡으로 수용하고 안정화하기
- 감정 편지 쓰기: 특정 감정에게 편지 쓰기(예: "분노에게") → 존재로 해석
- 감정의 여정 그리기: 한 가지 감정의 시작-변화-전환을 시각화하여 내면 인식 강화
- 감정 멘토링: 또래 간 감정 이야기 나누기 → 공감과 존재 확인

5. 교육 적용 전략

- 감정을 교실의 에너지 자원으로 재해석하는 수업 설계
- 교사가 감정적 피드백을 줄 때 존재 중심 언어로 전환하는 연습
- 감정 인식 + 표현 + 통합을 위한 3단계 수업 모듈 설계
- 학급 토론에서 감정의 다양성과 수용 훈련하기
- '감정이 나를 말해준다'는 주제로 쓰기 활동 진행하기
- 감정 표현 능력을 평가가 아닌 자기 이해의 도구로 활용하기
- 감정 중심 프로젝트 학습: '나를 말하는 감정 이야기' 만들기
- 감정 사전 만들기: 학생들의 표현 언어 확장과 감정 명료화 도모
- '감정의 힘' 시리즈 수업 운영: 감정별 탐구 → 존재 인식 연결
- 교사 연수에 감정 기반 코칭 포함하여 전인적 인성교육 설계하기

6. 결론

감정은 존재의 증거다. 감정을 이해하고 환대하는 태도는 인성의 기초가 되며, 감정을 왜곡하지 않고 건강하게 표현하는 능력은 자기 존재를 긍정하는 중요한 열쇠다. 존재 중심 코칭은 청소년이 자신의 감정을 억제하거나 부끄러워하지 않고, 그것을 통해 자기 내면의 길을 찾도록 돕는다. 감정은 문제의 근원이 아니라 자기 이해와 성장을 위한 안내자이며, 인성교육의 중심 언어가 될 수 있다.

감정동기를 중심에 둔 인성교육은 단지 감정의 조절을 넘어, 감정을 자기 발견과 공동체 연결의 창구로 활용하는 교육 철학을 요구한다. 존재 중심 코칭은 바로 그 철학을 실행으로 연결하는 강력한 도구가 될 수 있으며, 청소년이 자신의 감정 속에서 진실한 '나'를 만나고 살아낼 수 있도록 돕는 새로운 길을 제시한다. 더 나아가, 감정은 공동체 내에서 상호 공감과 존중의 기반이 되며, 교육 공동체 전체가 감정을 통해 서로를 이해하고 하나 되어 가는 과정을 경험하게 만든다. 감정을 중심으로 한 인성교육은 결국 '함께 살아가는 존재의 길'을 회복하는 여정이 된다.

제12장
정서의 기질: 반응의 패턴과 공감의 기초

정서는 단순한 감정의 표현이 아니다. 그것은 삶의 리듬이며, 관계의 언어이고, 반복되는 반응을 통해 형성된 존재의 흔적이다. 사람은 특정 상황에 반복적으로 비슷한 방식으로 반응하며 살아간다. 이러한 패턴은 단순한 기분이나 일시적 감정이 아니라, 보다 깊은 층위의 정서적 기질에서 기인한다. 정서는 기질로서 인간의 사회적 행동을 이끄는 핵심 동력이며, 정서를 통해 우리는 자신을 드러내고 타인을 경험하며 관계를 형성한다.

정서의 기질은 개인이 특정 상황에 대해 어떻게 자동적으로 반응하고, 그 반응이 반복되며 강화되는지를 보여준다. 예를 들어, 어떤 아이는 불편한 상황에서 쉽게 회피하고, 또 어떤 이는 분노로 반응하며, 다른 이는 침묵으로 자신을 보호하려 한다. 이러한 반응은 학습된 행동이자 정서적 기질의 표현이며, 시간이 지날수록 습관화되고 고착된다. 특히 청소년기에 이러한 정서적 반응은 강하게 표출되며, 정체성과 관계 형성의 핵심 축이 된다.

정서 기질은 생득적인 성향과 양육, 경험, 문화적 환경의 상호작용 속에서 발달한다. 따라서 정서는 단지 조절하거나 억제해야 할 대상이 아니라, 이해하고 조율하며 재설계할 수 있는 영역이다. 존재 중심 코칭은 이러한 정서를 억누르기보다는 그 반응의 근원과 리듬을 이해하고, 보다 건강한 방식으로 표현되도록 돕는다. 이는 단순한 감정 코칭을 넘어, 정서적 습관을 인식하고 전환하는 코칭이다.

특히 AI 시대와 같은 빠르게 변화하는 환경 속에서 인간의 정서는 소외되기 쉽다. 알고리즘은 정서의 맥락을 이해하지 못하고, 디지털 커뮤니케이션은 감정의 여백을 허락하지 않는다. 이때 인간의 정서적 패턴을 되살리고 공감 능력을 회복하는 일은 교육의 새로운 과제가 된다. 따라서 이 장에서는 정서의 기질이 무엇인지, 어떻게 형성되고 왜곡되는지, 그리고 존재 중심 코칭이 이를 어떻게 다룰 수 있는지를 구체적으로 살펴본다.

1. 기질의 정의와 심층 구조

정서의 기질은 인간이 외부 자극에 대해 자동적으로 반응하는 정서적 경향성과 그것이 반복되어 형성된 심층적 구조를 의미한다. 이는 감정이라는 단기적 반응보다 더 지속적이고 무의식적으로 반복되는 경향성이며, 개인의 성격과 대인관계 스타일, 그리고 자기 인식에까지 깊이 영향을 미친다. 정서는 곧 우리의 감정 반응의 습관화된 틀이며, 이 틀은 오랜 시간에 걸쳐 삶의 경험, 가족의 정서문화, 사회적 기대, 문화적 규범 등 다양한 요인에 의해 형성된다. 특히 정서 기질은 우리가 관계를 맺는 방식, 스트레스에 대처하는 전략, 창의성이나 회복탄력성 같은 정서 역량의 기초를 이룬다.

정서 기질은 다음과 같은 심층 구조로 분석될 수 있다.

- 정서 반응의 일관성: 비슷한 자극에 대해 지속적으로 유사한 반응을 보이는 습관적 경향성. 이는 감정의 자동성과 예측 가능성을 설명한다.
- 정서 패턴의 형성 시기: 유년기 특정 사건이나 주요 관계 경험에서 뿌리를 두고 반복된 반응으로 강화된 구조. 형성된 정서 패턴은 이후의 상황 해석과 반응 선택에 영향을 준다.
- 정서 리듬의 유동성: 감정 기복의 범위, 회복 속도, 정서적 안정 시간 등의 개별적 차이를 포함한다. 이는 정서적 회복탄력성과도 밀접하게 관련된다.
- 사회적 공감의 기초: 타인의 감정을 감지하고 자연스럽게 자신의 정서로 반응하는 정서 공명 능력. 이는 사회적 관계 형성과 유지에 핵심이 된다.
- 정서적 습관과 해석 구조: 특정 상황을 반복적으로 해석하고 반응하는 인지-정서의 자동화 구조. 이는 우리의 감정 인식과 반응의 일관성을 만든다.
- 정서 표현의 사회적 학습: 정서를 어떤 방식으로 표현할 것인지에 대한 문화, 가족, 집단의 암묵적 규칙 내재화. 이는 감정

의 억제 혹은 과잉 표현과 연결된다.

- 정서적 자기 개념과 이미지: 개인이 자신을 얼마나 감정적으로 예민하거나 둔감하다고 인식하는가에 대한 자각. 이는 자기 이미지와 자존감에 직접적인 영향을 미친다.

정서 기질은 정체성과도 밀접하게 연결되어 있다. 우리는 어떤 정서를 자주 느끼고 표현하는가에 따라 자신을 정의하게 된다. 정서 기질은 사회적 관계에서 갈등을 일으키기도 하지만, 반대로 정서적 공감을 기반으로 한 강한 신뢰 관계를 만드는 기초가 되기도 한다. 따라서 정서 기질은 단순한 심리적 특성이 아니라, 인간 존재를 구성하는 본질적인 요소이며, 훈련과 반성, 의도적인 관계 경험을 통해 재구성 가능하다.

2. 발달 과정과 청소년기에 나타나는 특징

청소년기는 정서 기질이 크게 요동치고 재형성되는 시기이다. 이 시기는 뇌의 전두엽 발달이 아직 완전하지 않아 충동 조절이 어렵고, 신체적 급성장과 더불어 정서적 불균형이 나타나기 쉽다. 또한 자율성과 독립성을 추구하면서도 타인의 인정과 소속 욕구가 강해져, 정서적으로 이중적인 긴장 상태가 빈번하게 발생한다. 청소년기의 정서 발달은 다음과 같은 특징을 포함한다.

- 정서 습관의 고착화: 어린 시절 형성된 정서 반응 방식이 또래

와의 관계, 가족과의 갈등을 통해 반복적으로 강화되며 고정화된다.

- 사회적 정서 민감성의 증가: 타인의 평가와 반응에 과도하게 민감하게 반응하며, 인정 욕구와 소속 욕구가 정서 반응의 중심이 된다.
- 정서 표현의 간접화: 직접적인 감정 표현 대신 냉소, 무표정, 회피, 반항 등 간접적이고 상징적인 방식으로 감정을 표현하는 경향이 강해진다.
- 정서 방어 기제로의 전환: 상처받는 것을 피하기 위해 감정을 차단하거나 과장하여 표현하며, 특정 감정만 허용하는 경향이 나타난다.
- 정서 정체성의 구축: 반복되는 감정 경험과 반응 양식을 통해 자신을 특정한 정서적 이미지로 정의하기 시작한다. 예: "나는 냉정한 사람이야."
- 정서와 행동의 자동 연결화: 감정이 인지되기도 전에 즉각적으로 행동화되는 경향. 예: 분노 → 소리 지르기, 좌절 → 무기력한 침묵

이러한 정서 발달 특성은 청소년기의 정서 기질이 변화를 위한 기회이자 위험 요인이 될 수 있음을 시사한다. 정서의 흐름을 이해하고, 그것을 해석할 수 있는 언어와 공간이 제공된다면, 청소년들은 자신만의 정서 리듬을 건강하게 구축할 수 있다.

3. AI 시대에서의 왜곡된 발현과 사회적 도전

디지털 시대, 특히 AI 기반 정보 환경은 청소년의 정서 기질에 새로운 변화를 야기하고 있다. 빠른 피드백과 과도한 정보 자극은 감정의 성찰보다는 즉각적인 반응을 유도하며, 이는 정서 기질의 왜곡으로 이어진다. 주요 도전은 다음과 같다.

- 정서 자극의 외주화: 개인이 스스로 감정을 자각하고 생성하기보다, 유튜브 알고리즘이나 SNS 콘텐츠가 감정 자극의 주된 출처가 된다.
- 정서 표현의 축소화: 짧은 영상, 해시태그, 이모티콘 등으로 정서를 표현하는 문화가 일반화되면서 정서의 복합성과 깊이는 배제된다.
- 정서의 연출화: 감정 표현이 내면의 진실한 표현이 아닌 이미지 관리의 수단으로 변질되어, 타인의 시선에 맞춘 정서 표현만 강화된다.
- 정서 피로와 무감각화: 감각 과잉과 정보 피로로 인해 감정에 둔감해지고, 다양한 감정을 분별하거나 유지하는 능력이 저하된다.
- 정서 모델의 왜곡: 실존 인물이 아닌 가상 인물과의 동일시를 통해 정서 반응을 학습하면서, 실제 대인관계에서의 감정 조율 능력이 떨어진다.
- 정서 조절력의 퇴화: 순간적 자극에 의존하는 방식으로 인해, 감정을 스스로 조절하는 능력이 약화되고, 극단적인 정서 반

응 패턴이 형성된다.

이러한 환경은 정서 기질이 건강하게 발달되는 것을 방해하며, 자기 인식, 감정 조절, 타인과의 공감 능력을 전반적으로 약화시킨다. 교육과 가정, 사회 전체가 새로운 정서 리터러시 교육을 통해 이 왜곡을 회복하려는 노력이 필요하다.

4. 존재 중심 코칭의 전략과 질문

존재 중심 코칭은 청소년의 정서 반응을 문제로 보지 않고, 존재의 언어로 해석한다. 즉, 감정은 그 자체로 진실이며, 억제의 대상이 아니라 해석과 통찰의 대상이라는 입장에서 접근한다. 다음은 존재 중심 정서 코칭을 위한 핵심 전략과 질문들이다.

전략:

정서 패턴의 명명: 반복되는 감정 반응을 구체적으로 이름 붙이고 구분함으로써 자기 인식을 높인다.

감정의 역사적 기원 추적: 자주 경험하는 감정이 언제, 누구와의 관계 속에서 형성되었는지를 탐색한다.

- 정서 루틴 실험: 익숙한 감정 반응 패턴 대신 다른 감정 선택과 표현 방식을 실험해본다.
- 감정과 삶의 가치 연결: 자주 나타나는 감정이 어떤 핵심 가치

나 자기 보호 욕구를 반영하는지를 도식화한다.

- 감정과 관계의 영향 탐색: 특정 감정 반응이 대인관계에 미치는 영향을 관찰하고, 더 건강한 정서 커뮤니케이션 전략을 설계한다.
- 정서 메타인지 훈련: 감정을 느끼는 동시에 한 걸음 떨어져서 관찰하고, 해석하고, 선택하는 능력을 키운다.

질문 예시:

- 당신이 자주 느끼는 이 감정은 처음 언제부터 시작되었나요?
- 이 감정이 나타날 때, 당신은 자신을 어떤 사람이라고 인식하나요?
- 이 감정은 당신의 삶에서 어떤 가치를 지키고자 할 때 자주 나타나나요?
- 감정을 억누르지 않고 다른 방식으로 표현한다면 어떤 가능성이 생길까요?
- 이 감정은 누구를 향한 메시지일 수 있나요?
- 이 감정은 당신을 어떻게 보호해주고 있었나요?

5. 실제 사례 분석 및 적용 예시

사례 1: 감정 표현이 없는 B군

고등학생 B군은 수업 시간 내내 무표정하며 감정 표현이 거의 없다. 교사들은 그를 무관심하거나 의욕이 없는 학생으로 판단했지만, 코칭을 통해 그는 어린 시절 감정 표현 후 반복적으로 상처를 받았던 기억이 있음을 털어놓았다. 그 결과 감정을 차단하는 것이 자신을 보호하는 전략이 되었던 것이다.

→ 코칭 개입 질문: "감정을 표현하면 어떤 결과가 생길 것 같다고 느끼시나요? 그 믿음은 언제 생겼나요?"

사례 2: 감정이 과도하게 격해지는 C양

여고생 C양은 친구와 사소한 갈등에도 눈물을 쏟거나 분노로 반응해 관계가 자주 단절되었다. 코칭을 통해 그녀는 정서 과잉 반응의 기저에 깊은 인정 욕구와 거절에 대한 공포가 있음을 인식하였다.

→ 코칭 개입 질문: "그 감정 속에는 어떤 욕구가 담겨 있나요? 그 감정이 전하고자 하는 메시지는 무엇일까요?"

6. 교육적 실천 과제와 교사·부모의 역할

정서 기질의 건강한 발달을 위해 교육자와 보호자가 실천할 수 있는 방법은 다음과 같다.

- 감정 단어 확장 훈련: 다양한 감정을 명확히 구분하고 말로 표현할 수 있도록 감정 단어 목록과 대화 활동을 활용한다.
- 정서 일지 쓰기: 매일 감정을 기록하고 원인을 성찰하는 습관을 통해 정서 인식을 증진한다.

- 역할극 및 상황극 활용: 다양한 상황에서 감정을 연기하고 표현하며 정서 레퍼토리를 확장시킨다.
- 가정 내 감정 나눔 문화 조성: 가족 간의 감정 대화를 정례화하여 안전하고 개방적인 감정 공유 환경을 조성한다.
- 음악 및 예술과의 통합 활동: 예술을 통해 감정을 간접적으로 표현하며 정서적 감수성을 길러준다.
- 정서 리듬 시각화 훈련: 하루의 정서 흐름을 시각화하고, 반복되는 감정 패턴을 인식하게 돕는다.
- 교사의 감정 모델링: 교사가 자신의 감정을 건강하게 표현하고 조절하는 모습을 직접 보여주는 것이 최고의 교육이 된다.
- 감정 조절 루틴 훈련: 스트레스를 받았을 때 사용할 수 있는 정서 회복 루틴(호흡, 걷기, 글쓰기 등)을 개발하고 훈련한다.

7. 결론

정서 기질은 비판이나 통제가 아니라 해석과 공감, 지지 속에서 변화된다. 교사와 부모는 청소년의 정서를 억제하거나 판단하기보다, 그것을 존재의 언어로 해석하고 받아들이는 시선으로 전환해야 한다. 그럴 때 정서 기질은 감정의 자동 반응에서 벗어나, 자율적이고 창조적인 정서 표현의 기반이 된다.

제13장
정서 태도 × 존재 중심 코칭

정서란 단순히 순간적인 감정의 발현이 아니라, 시간에 따라 반복되고 고착화된 반응의 패턴이다. 특정 자극에 대해 우리가 어떻게 반응하는지, 어떤 언어와 표정, 어떤 해석 프레임을 사용하는지가 바로 정서의 구성 요소다. 이러한 정서 패턴은 어린 시절의 경험, 양육 태도, 문화적 맥락 속에서 형성되며, 우리가 세상을 해석하고 타인과 관계 맺는 방식에 깊이 작용한다. 따라서 정서는 단순한 개인적 반응이 아니라, 우리의 '존재 방식'을 드러내는 거울이기도 하다.

정서는 기질과 감정, 이성, 양심 등과 상호작용하며, 일관된 삶의 태도를 만든다. 정서는 어떤 상황에서 나 자신을 유지하게 하거나 혹은 무너지게 된다. 청소년기에는 이러한 정서 패턴이 급격히 형성되고 강화되기 때문에, 교육과 코칭은 이 시기를 정서적 민감성과 자기 인식 훈련의 골든타임으로 삼아야 한다.

존재 중심 코칭은 단순히 감정을 조절하거나 정서를 억제하는 데 목적을 두지 않는다. 오히려 정서가 무엇을 반영하는지를 탐색하며, 그 정서가 내포한 존재의 목소리에 귀 기울이는 접근이다. 예를 들어, 반복적으로 나타나는 불안은 단순히 위기 상황에 대한 반응이 아니라, 존재의 안전이 위협받고 있다는 신호일 수 있다. 존재 중심 코칭은 이 신호를 무시하지 않고, 그 뿌리를 인식하고 이해하는 과정에서 변화의 실마리를 찾는다.

정서를 억누르거나 회피하면 할수록, 그 정서는 더 깊은 무의식의 패턴으로 고착된다. 그러나 존재 중심 코칭은 정서를 있는 그대로 바라보고, 그것을 존재와 연결함으로써 반응을 창조적 선택으로 전환시킨다. 이는 자기조절 능력을 넘어, 자기이해와 타자에 대한 공감, 삶에 대한 감각을 회복하는 길이다.

결국, 정서 태도는 코칭의 종착지가 아니라 출발점이다. 내면의 감정이 말하고자 하는 것을 경청하고, 그 의미를 해석하며, 다시 존재로 돌아가는 여정. 그것이 바로 존재 중심 코칭이 추구하는 정서 교육의 본질이다.

1. 정서 태도의 정의와 교육적 중요성

정서 태도는 감정 그 자체보다도 감정을 받아들이고 해석하고 반응하는 '정서적 습관' 또는 '감정의 내적 태도'를 의미한다. 이는 개인이 삶을 대하는 기초적인 정서적 자세로, 신뢰, 낙관, 불안, 회피, 공격성, 평온함, 수용성 등의 태도를 포함한다. 청소년기의 정서 태도는 성인기의 인격 기반을 형성하는 핵심적 요소이며, 학습, 관계, 자아정체성에 지대한 영향을 끼친다.

정서 태도는 반복된 감정 경험과 사회적 피드백을 통해 형성되며, 개인이 세계를 해석하는 정서적 프리즘이 된다. 예를 들어, 같은 사건이라도 어떤 이는 위기감으로, 어떤 이는 기회로 인식한다. 이는 인지의 차이가 아니라 정서 태도의 차이에서 비롯된다. 따라서 정서 태도는 교육을 통해 충분히 훈련되고 조정될 수 있는 '감정의 방향성'이자 '존재의 관점'이라 할 수 있다. 이때 존재 중심 교육은 감정이 아닌 태도에 집중함으로써, 감정에 휘둘리지 않고 감정 속에 깃든 존재를 발견하는 통찰을 제공한다.

정서 태도의 중요성은 단지 심리적 안정에 머무르지 않는다. 이는 자아의 정체성과 연결되며, 타인과의 상호작용, 갈등 해결, 의사소통의 방식에 이르기까지 전인적 삶의 질을 좌우하는 기반이다. 따라서 학교 교육, 부모의 양육, 사회적 상호작용 전반에서 정서 태도에 대한 깊이 있는 이해와 훈련이 요청된다. 또한 정서 태도는 공감 능력, 감정적 지능, 그리고 회복탄력성과 밀접한 관계를 가지며, 이는 미래 사회에서 요구되는 핵심 역량과도 직결된다.

정서 태도는 유아기부터 형성되기 시작하고 부모의 정서 반응, 양육 태도, 환경적 안정성 등 다양한 여러 요인에 의해 영향을 받는다. 그중에서도 정서 표현에 대한 긍정적 피드백과 안정된 애착 경험은 건강한 정서 태도를 발달시키는 핵심 요인이다. 교육자는 단지 지식을 전달하는 존재를 넘어, 아이의 정서 경험을 조율하고 반영하는 거울 역할을 수행하여야 한다.

2. 정서 태도의 왜곡과 회복

왜곡된 정서 태도는 상황 판단을 흐리게 하고, 자기 존재에 대한 오해를 강화한다. 예컨대, 지나친 의심, 반복되는 방어, 만성적인 불안, 정서적 마비 등은 현실보다 더 위협적인 세계관을 만들어내며, 이는 청소년의 자존감과 자기효능감에 심각한 손상을 초래한다. 이러한 태도는 단순히 감정 조절 실패로 보기보다는 삶의 맥락에서 반복된 내면의 보호기제로 이해되어야 하며, 이를 해체하고 새롭게 재구성하는 과정이 요구된다.

존재 중심 코칭은 이러한 왜곡된 정서 태도가 '존재의 오염된 거울'에서 비롯됨을 인식하고, 그 거울을 닦아 존재의 본래 시선을 회복하도록 돕는다. '나는 사랑받을 수 없다'는 정서 태도는 단순한 사고의 오류가 아니라, 억눌린 감정과 반복된 경험이 얽힌 존재 해석의 결과다. 따라서 치유는 이성적 설득보다 존재적 공감과 정서적 재해석을 통해 일어난다. 이는 코칭의 언어가 논리가 아닌 공감이며, 교정이 아닌 연결임을 의미한다.

왜곡된 정서 태도	그 기저 감정	존재 중심 질문	전환 방향
만성적 불안	상실 두려움	"지금 가장 두려운 것은 무엇이며, 그 속에 어떤 너의 존재가 있니?"	내면 안정 회복
냉소적 태도	상처 회피	"실망을 피하려는 너의 태도 속에 어떤 바람이 숨어 있니?"	희망 회복

방어적 태도	거절 공포	"너를 지키기 위한 방어 뒤에 진짜 너는 어떤 존재니?"	자기 수용
자기비난	완벽 주의	"지금의 나를 있는 그대로 수용하면 무엇이 무너질까?"	연민 회복
무감각화	감정 억압	"감정을 느끼지 않기로 한 순간은 언제였을까?"	감정 복원
지나친 적응	인정 욕구	"항상 괜찮다고 말할 때, 네 안의 진짜 감정은 무엇이었을까?"	자기 진실 표현

3. 존재 중심 코칭 질문 예시

- "지금 이 상황을 어떤 감정의 안경으로 보고 있니?"
- "그 감정의 안경을 벗는다면 너는 어떤 세상을 보게 될까?"
- "네 정서적 반응은 너의 어떤 경험에서 비롯된 걸까?"
- "그 태도가 너를 지켜주었지만, 지금은 어떤 제한이 되니?"
- "이제는 다른 정서적 자세로 살아갈 수 있다면 어떤 느낌이 들까?"
- "지금 이 상황에서 가장 정직한 너의 감정은 무엇이니?"
- "그 감정이 너에게 말하는 존재의 언어는 무엇일까?"
- "그 태도를 멈춘다면 너는 어떤 존재가 될 수 있을까?"
- "네가 오랫동안 유지한 정서적 방어는 어떤 사랑의 갈망에서 시작되었을까?"
- "그 감정이 처음 나타난 순간을 기억하니? 그때 너는 어떤 존재였니?"

4. 정서 태도 교육을 위한 전략

- 정서 태도 사전 만들기: 교사-학생이 함께 만드는 '감정 태도 언어 사전'. 다양한 정서 태도를 단어, 문장, 이미지로 표현하며 정서적 어휘력과 인식을 확장한다.
- 감정 상황 재연 활동: 같은 상황을 다양한 정서 태도로 표현하며 비교하는 연극 활동을 통해 정서적 거리두기 능력과 전환 가능성을 체득하게 한다.
- 정서 반응 관찰 일지: 일상 속 자동 정서 반응을 기록하고, 존재 중심 질문으로 그 의미를 탐색하는 훈련. 자기인식의 감수성을 높인다.
- 정서 포지셔닝 훈련: 감정 거리두기 → 존재 중심 관점 전환 → 새로운 선택 실험의 3단계로 구성된 정서 조율 훈련.
- 정서 이미지화 활동: 정서 태도를 이미지, 색, 사운드로 형상화하여 감정 패턴을 시각적으로 인식하고, 전환의 창의적 접근을 연습한다.
- 나의 정서신념 탐색 질문지: "감정을 드러내면 약하다", "항상 긍정적이어야 한다" 등의 내면 신념을 찾아내고 존재 중심 관점에서 재구성한다.
- 정서 시나리오 코칭: 실제 사례를 통해 정서 태도 전환 경험을 설계하고, 다른 이의 정서도 존중하며 새로운 관계 방식을 시도한다.
- 정서 리듬 연습 루틴: 아침-점심-저녁마다 나의 감정과 정서 태도를 1분간 점검하고 언어화하는 정서 리듬 루틴을 도입

한다.

5. 결론: 존재는 정서 위에 머문다

정서 태도는 존재의 색깔이다. 존재 중심 코칭은 청소년이 정서에 휘둘리지 않고, 정서를 통해 자기 존재를 드러내도록 돕는다. 감정은 순간적이지만 정서 태도는 지속적이며 반복되기에 더 큰 영향을 끼친다. 존재 중심 접근은 정서를 억누르거나 왜곡하지 않고, 그 속에서 자신의 진짜 존재를 회복하는 길을 제시한다.

정서 태도 중심의 인성교육은 학생의 감정 표현을 억제하는 것이 아니라, 건강한 정서적 자율성과 수용성을 회복하도록 돕는 교육이다. 코칭은 그 여정에서 가장 효과적인 대화의 언어이며, 청소년이 '있는 그대로의 나'로서 세계와 연결될 수 있도록 돕는 새로운 인성 교육의 가능성이다.

정서 태도는 단지 개인 심리의 문제가 아니라, 공동체의 정서문화와도 깊이 연결된다. 건강한 정서 태도를 가진 개인이 모인 사회는 공감, 협력, 존중이 가능한 사회다. 존재 중심 교육은 이처럼 감정이 아닌 정서를 중심에 놓고, 그 위에 세워진 존재의 관점으로 미래 인성을 설계해간다. 정서 태도에 대한 깊은 이해와 훈련은 인격의 성숙, 공동체의 건강, 그리고 삶의 질 향상이라는 교육의 본질적 목적을 실현하는 중요한 통로가 된다.

제3부

실천과 확산 전략

존재 중심 코칭과 인성 교육의 실제 적용

존재 중심 코칭과 인성교육의 결합은 이론적 토대 위에 구체적인 실천 방법을 제시한다. 학습자의 내적 성찰과 행동 변화를 촉진하는 다양한 코칭 기법이 교육 현장에 적용되며, 이를 통해 학생들은 자기 이해와 타인 존중을 동시에 발전시킨다. 실제 수업에서는 토마스 레너드의 15개 프로피션시와 5대 기질 분석, 8대 덕목 훈련이 통합적으로 운영된다. 이러한 프로그램은 교사와 코치가 함께 설계하며, 학습자의 성장 과정을 지속적으로 관찰하고 피드백하는 순환 구조를 갖춘다.

지속 가능한 존재 중심 인성교육을 위한
제도 및 정책 제안

존재 중심 인성교육의 확산과 정착을 위해서는 교육 정책과 제도적 지원이 필수적이다. 국가 교육과정에 존재 중심 코칭 요소를 포함하고, 교사와 코치의 전문성 강화를 위한 연수 제도를 마련해야 한다. 또한 지역 사회와 협력하여 학교 밖에서도 인성교육이 이어질 수 있는 환경을 조성하는 것이 중요하다. 이를 위해 인성교육 전담 기관 설립, 장기적 재정 지원, 성과 평가 체계 구축이 필요하다.

인성교육과 존재 중심 교육의
통합 모델 및 확산 전략

효과적인 확산을 위해서는 인성교육과 존재 중심 코칭을 결합한 통합 모델을 개발해야 한다. 이 모델은 학교, 가정, 지역 사회를 연결하는 다층적 구조로 설계되며, 각 영역에서 일관성 있는 가치 교육을 제공한다. 또한 온라인과 오프라인을 연계한 하이브리드 학습 환경을 구축하여 시간과 공간의 제약을 최소화한다. 확산 전략으로는 시범학교 운영, 모범 사례 공유, 국제 교류 프로그램 등을 포함할 수 있다.

존재 중심 접근의 미래 비전:
인성교육의 새로운 패러다임을 향하여

미래의 인성교육은 기술 중심 사회 속에서 인간다움을 회복하고 확장하는 방향으로 발전해야 한다. 존재 중심 접근은 학습자가 변화하는 환경 속에서도 자기 정체성과 가치를 지키며, 타인과의 건강한 관계를 유지하도록 돕는다. 장기적으로는 이러한 교육이 사회 전반에 걸쳐 신뢰와 협력을 기반으로 한 문화 형성에 기여하게 될 것이다. 이는 단순히 교육 패러다임의 변화가 아니라, 사회의 근본적인 가치 재정립으로 이어진다.

제14장

존재 중심 코칭과
인성교육의 실제 적용

　인성교육은 오랫동안 규범적 가치와 외부 행동을 중심으로 구성되어 왔다. 그러나 이러한 방식은 학생의 내면을 충분히 반영하지 못하고, 외재적 통제에 의존하게 만드는 경향이 있었다. 존재 중심 코칭은 이러한 한계를 넘어, 학생의 내면세계와 기질을 존중하고, 자기 인식과 자기 주도성을 기반으로 한 교육 실천을 가능하게 한다.

　이 장에서는 존재 중심 코칭의 철학과 도구들이 실제 교육 현장에서 어떻게 활용될 수 있는지를 살펴본다. 교실 수업, 가정 대화, 멘토링 상황 등 다양한 환경에서 존재 중심 접근이 어떤 방식으로 적용되며, 학생의 내적 성장과 지속 가능한 변화를 어떻게 촉진하는지를 구체적인 사례와 함께 제시한다. 또한 교사와 부모가 코치로서 갖추어야 할 기본 태도와 역량, 그리고 이를 훈련하고 실천으로 전환하는 방법들을 다룬다.

존재 중심 인성교육은 학생을 '지도해야 할 대상'이 아닌 '존재로 만나는 파트너'로 인식하는 데서 시작된다. 이 새로운 관점은 교사와 학생, 부모와 자녀 사이의 관계에도 근본적인 변화를 이끌어내며, 인성교육을 살아있는 대화와 의미 있는 관계 형성의 장으로 탈바꿈시킨다. 이제 인성교육은 더 이상 지시와 통제가 아닌, 경청과 공감, 질문과 성찰의 공간이 되어야 한다.

1. 존재 중심 인성교육의 필요성

AI 디지털 문명의 한가운데서 자라나는 오늘날의 청소년들은 정보의 폭풍우 속에서 살아간다. 스마트폰, SNS, 인공지능이 일상에 깊숙이 들어오면서, 이들은 끊임없는 비교, 즉각적인 피드백, 정보 과부하 속에서 정체성을 혼란스럽게 경험하고 있다. 특히 정서적 안정, 자아 존중감, 자기 조절 능력의 결핍은 청소년기를 통과하는 데 있어 큰 장애 요인이 되고 있다. 기존의 인성교육이 외적 행동 기준과 도덕적 교훈 중심으로 접근했다면, 이제는 청소년 한 사람 한 사람의 내면을 탐색하고 발견하는 방식으로 패러다임 전환이 요구된다. 존재 중심 코칭은 바로 이러한 요구에 응답하는 혁신적 접근이다.

존재 중심 인성교육은 다음과 같은 시대적 요청에 응답한다.

- 내면 중심의 성장 촉진: 청소년이 자신의 존재를 탐색하고, 감정과 욕구, 가치의 흐름을 스스로 인식하고 수용하도록 도와

준다. 이 과정은 진정한 자기 주도성과 지속 가능한 성장으로 이어진다.

- 자기 주도형 학습 구조화: 교사나 부모의 기준이 아니라 청소년 스스로 삶의 방향과 의미를 재구성하게 하며, 이는 학습, 인간관계, 진로 등 모든 영역에서 자율적 역량을 확장시킨다.
- 경험 중심의 인성 발달: 코칭은 경험을 단순한 사건이 아닌 '의미화된 자산'으로 해석하게 한다. 이는 인성이 교실 안이 아닌 삶 전반에서 길러지는 것임을 보여준다.
- 정서 기반 역량 강화: 감정을 인식하고 언어화하는 능력, 공감 능력, 갈등 조절 능력은 오늘날 인성의 핵심이며, 코칭은 이러한 정서적 문해력을 기르는 데 탁월한 도구다.
- 존재 수용을 통한 회복 탄력성 증진: 실패와 비교의 문화 속에서도 자신을 수용하고 회복하는 힘, 즉 레질리언스는 존재 중심 관점에서 길러질 수 있다.
- 다양성과 차이를 수용하는 역량 향상: 존재 중심 코칭은 모든 사람의 독특한 배경, 감정, 관점을 존중하고 다름 속에서 배움을 이끌어내는 역량을 기른다.
- 의미 중심 동기화: 단기적 성과나 외적 보상이 아니라, 삶의 깊은 목적과 연결된 내적 동기 형성은 장기적인 학습 지속성과 자기 존중감을 높인다.

2. 교육 현장에서의 코칭 통합 모델

교육에서의 코칭은 기술적 도입이 아니라 철학적 전환이어야 한다. 학교, 가정, 지역 사회 등 청소년을 둘러싼 모든 환경이 존재 중심 코칭적 문화를 공유할 때 비로소 코칭은 교육을 변혁시키는 힘이 된다. 이를 위해 3단계 통합 모델을 제안한다.

1단계: 코칭 마인드셋 이식

- 교사와 리더의 코칭 철학 내면화: 코칭은 기술 이전에 '존재에 대한 태도'다. 교사와 교육자가 코칭 철학을 자신의 교육적 존재 방식으로 체화할 때 진정한 변화를 일으킬 수 있다.
- 호기심과 수용의 태도 전환: 판단과 통제를 내려놓고, 학생의 말과 행동을 있는 그대로 받아들이는 훈련은 교사 자신에게도 회복과 성장을 안겨준다.
- 자기 존재 성찰 일상화: 하루 5분간 자신의 감정, 반응, 상태를 점검하고 기록하는 '존재 일지'는 교사의 코칭 감수성을 급격히 향상시킨다.
- 존재 기반 리더십 공유: 교사 간의 동료 학습에서 서로의 존재 상태를 공유하고 지지하는 시스템은 조직 문화까지 전환시킨다.

2단계: 수업과 생활지도 속 코칭 기술 삽입

- 존재적 질문으로 수업 대화 전환: 수업 중 "왜 그랬니?" 대신 "그 순간 네 안에서는 어떤 일이 일어났니?", "그 경험은 너에게

어떤 의미야?" 같은 질문이 학생의 사고를 깊이 있게 만든다.

- 언어 구조의 코칭화: 지시와 평가 중심의 언어에서 질문과 반영 중심의 언어로 교사의 말투가 변화하면, 교실 분위기 자체가 수용적이고 탐색적으로 바뀐다.
- 감정 공유 루틴 개발: '오늘의 감정 날씨'를 표현하는 활동, 감정 단어 카드로 자기감정을 언어화하는 훈련은 정서적 안정과 집단 공감을 촉진한다.
- 실패 해석 프레임 구축: 실수나 갈등을 단죄하지 않고, 배움과 자기 발견의 기회로 전환하는 대화 구조는 청소년의 자존감을 보호하고 성장을 가속한다.

3단계: 정규 교육과정과의 통합

- 도덕·진로·상담 교과에 코칭 시스템 내재화: 특정 단원이나 활동 안에 존재 탐색, 코칭 대화, 피어 코칭 등을 정규 수업 시간에 자연스럽게 설계한다.
- 자기 선언문과 주간 리플렉션 일지 운영: 학생이 자신의 삶을 해석하고 정리하는 주간 루틴을 도입함으로써, 자기 효능감과 자아 정체성을 지속적으로 강화한다.
- 인성 캡스톤 프로젝트: 자신의 가치관, 성장 이야기, 실패 경험, 감사한 존재들을 탐색하고 표현하는 프로젝트형 인성 활동은 청소년을 성찰적 존재로 성장시킨다.
- AI 기반 자기성찰 도구 연계: 청소년들이 자기감정과 반응을 기록하고 피드백 받을 수 있는 디지털 코칭 도구를 연동함으로써 인성교육의 개인화와 지속성을 확보할 수 있다.

3. 실제 사례: 존재 중심 코칭 활용 수업

사례 1: 감정 탐색 수업(중학교 도덕과)
- 활동: 감정 단어 카드로 최근 자신의 감정 탐색 → 해당 감정의 원인, 신체 반응, 배경 신념 탐색 → 서로 들어주기.
- 효과: 학생들이 처음에는 어색해했으나 점차 솔직하게 감정을 말하기 시작했고, 자신과 타인에 대한 공감 능력이 크게 향상됨.

사례 2: 정체성 선언 수업(고등학교 진로과)
- 활동: 나의 '핵심 문장'을 찾는 워크숍 - 내가 중요하게 여기는 가치와 경험을 바탕으로 "나는 ___인 사람이다" 선언문 작성.
- 효과: 진로를 직업이 아닌 삶의 철학으로 확장하여 바라보게 되었고, 또래 간의 깊은 공유와 격려가 이루어짐.

사례 3: 반성적 일지와 그룹 코칭(자치 시간)
- 활동: 매주 한 번, 나의 감정 경험과 갈등을 짧게 글로 쓰고, 소그룹에서 이를 서로 나누며 공감과 재해석을 유도.
- 효과: 반 전체의 심리적 안정감 상승. 특히 평소 말이 없던 학생들이 감정 일지를 통해 자기표현에 익숙해짐.

사례 4: 교사 주도 존재 대화(조회 시간)
- 활동: 교사가 "오늘 나는 이런 존재로 살고 싶다"라는 선언을 먼저 나누고, 학생들이 하루의 의도를 존재 관점으로 공유.

- 효과: 단순한 출석 확인이 아니라, 하루를 의미 있게 시작하는 문화가 정착됨. 학생들의 정서 이완과 수업 몰입도 증가.

사례 5: AI 기반 코칭 앱 활용 감정 일지(고등학교 상담)
- 활동: 매일 앱에 감정을 기록하고 그 감정에 대한 자기 해석을 간단히 작성. 주 1회 상담 시간에 이를 기반으로 대화.
- 효과: 감정 언어화 능력 향상, 자기 반응 패턴에 대한 메타인지 증가, 교사와 학생 간의 신뢰 증진.

4. 교사와 부모를 위한 존재 중심 코칭 교육

존재 중심 코칭은 학생 이전에 어른의 존재로부터 시작된다. 따라서 교사와 부모를 위한 특별한 감수성 훈련이 필요하다.

- 존재 체크-인 루틴 정착: 하루 시작 전 자신의 에너지 상태, 감정 흐름, 몸의 감각 등을 1분간 점검하는 습관은 아이와 만날 준비를 돕는다.
- 비언어적 공명 능력 향상 훈련: 언어보다 표정, 눈빛, 몸의 방향, 침묵이 더 많은 메시지를 전달한다. 존재 중심 코칭은 이를 의식화하고 정련하는 훈련이다.
- 감정 리듬 동조력 확장: 자녀의 감정에 반응하지 않고, 그 감정 속에 함께 머무르는 능력은 가장 깊은 형태의 공감이며, 정서적 안정감을 형성한다.

- '존재로 말하기' 연습: 언어적 교정이 아닌 존재적 안정과 공명을 통해 아이가 스스로를 재조직할 수 있는 환경을 제공한다. 이는 침묵 속 코칭이다.
- 코칭 언어 일상화: 잔소리, 훈계 대신 탐색적 언어가 습관이 되도록 하는 훈련은 부모-자녀, 교사-학생 관계에 혁신적 전환을 일으킨다.
- 자기감정 관리 일기 쓰기: 부모나 교사가 자신의 감정을 일기로 표현하며 자기 이해를 높이면, 청소년에게 모델링 효과를 준다.

5. 새로운 교육 패러다임으로서의 코칭

존재 중심 코칭은 단순한 교육 방법론을 넘어서는 철학이며 문화이다. 이 철학은 교육의 본질이 지식 이전에 인간 그 자체임을 상기시킨다. 미래 사회는 협업, 공감, 정체성 명료화, 회복력 같은 인성 역량이 핵심 경쟁력이 된다. 따라서 존재 중심 코칭은 다음과 같은 교육적 전환을 요구한다.

- 학생을 문제 해결 대상이 아니라 살아있는 존재로 존중하는 교육으로의 전환
- 결과 중심 평가에서 존재와 여정을 존중하는 학습 구조로의 이동
- 교사의 역할을 지식 전달자에서 '존재 기반의 동행자'로 재정립

- 디지털 교육 환경 속 인간성 회복을 위한 코칭 도입
- 학습자 중심을 넘어서 존재 중심 패러다임 구축

6. 결론

존재 중심 코칭은 교육이 인간다움을 회복하는 여정이며, 관계의 깊이를 통해 인성을 재정의하는 길이다. 이것은 말로 가르치는 것이 아니라, 존재로 이끄는 교육이다. 지금 우리 아이들에게 필요한 것은 더 많은 설명이 아니라, 그들을 깊이 듣고 있는 어른, 흔들림 없이 옆에 서 있는 어른이다.

제15장

지속 가능한 존재 중심 인성교육을 위한
제도적·정책적 제안

4차 산업혁명과 인공지능(AI) 시대의 도래는 기존 교육의 방향성과 목적에 근본적인 질문을 던지고 있다. 단순한 지식 전달과 정보 암기 중심의 주입식 교육은 점차 그 유효성을 잃고 있으며, 변화하는 사회에서는 정해진 정답을 찾기보다는 스스로 질문을 던지고, 창의적으로 문제를 해결하며, 삶의 의미와 방향성을 탐색할 수 있는 역량이 핵심으로 부상하고 있다. 이러한 시대적 전환점에서 인성교육 또한 깊은 성찰과 함께 근본적인 변화가 요구된다.

그동안의 인성교육은 규범 내면화, 도덕적 행동 훈련, 타의적 모범 제시에 집중되어 왔다. 그러나 이러한 접근은 학습자의 내면 동기와 개별 기질, 삶의 맥락을 고려하지 못한 채 일률적인 방향으로 이끌려는 경향이 강했다. 결과적으로, 교육을 통해 일시적인 행동 변화는 유도할 수 있었지만, 지속적인 내면의 변화나 삶의 태도, 그리고 자율적 선택을 기반으로 한 인격 성장은 미흡한 경우가 많았다.

이제는 존재 중심 인성교육이 대안으로 떠오르고 있다. 존재 중심 접근은 인간을 단순한 행동 주체가 아닌, 자신의 정체성과 가치를 인식하고 선택할 수 있는 '존재'로 바라본다. 따라서 이 접근은 기질의 이해를 바탕으로 한 개별화 교육, 코칭적 관계를 통한 내면 탐색, 그리고 자기 주도적 성장의 환경 조성이 핵심이 된다. 이러한 교육은 단순히 '어떻게 행동해야 하는가'가 아니라, '어떤 존재로 살아갈 것인가'를 질문하게 한다.

존재 중심 인성교육을 제도적으로 정착시키기 위해서는 몇 가지 정책적 전환이 필요하다. 교육철학의 변화, 교사 교육 및 역량 강화, 커리큘럼과 평가 방식의 재구성, 가정과 지역 사회의 연계 강화, 그리고 코칭 기반 교육 시스템의 구축이 그것이다. 이러한 전환은 단기적 효과를 기대하는 개혁이 아니라, 장기적인 관점에서 사람을 중심에 두고 사회 전체의 성숙을 이끄는 변화가 되어야 한다.

또한, 이러한 교육철학은 단지 학생에게만 적용되는 것이 아니라, 교사, 학부모, 지역 사회 구성원 전체가 함께 성장하는 방향으로 설계되어야 한다. 즉, 인성교육은 교과목이 아니라 삶의 방식이며, 학교는 단지 배움의 공간이 아닌 공동체 속에서 서로를 비추고 성장하는 생태계가 되어야 한다. 존재 중심 인성교육은 지금 우리 사회가 직면한 여러 갈등과 소외, 정체성 위기를 해결할 수 있는 하나의 본질적 대안이 될 수 있으며, 그 실현을 위해 정부와 교육 기관의 정책적 지원이 절실하다.

1. 제도적 전환의 필요성

존재 중심 코칭 기반의 인성교육이 일회성 프로그램이나 일부 교사의 자발적 열정에만 의존하는 한, 근본적인 변화는 기대하기 어렵다. 교육 시스템 전반에 존재 중심 접근이 내재화되기 위해서는 제도적, 구조적, 정책적 기반의 대대적인 전환이 반드시 요구된다. 전통적인 교육 제도는 산업화 시대의 요구에 따라 성적 중심, 지식 중심, 효율 중심의 프레임에 최적화되어 설계되었다. 그러나 AI 디지털 시대를 살아가는 오늘날 청소년들에게 필요한 것은 단지 정보를 많이 아는 능력이 아니라, 자기 존재를 인식하고, 자기 삶의 주체로 서며, 인간관계 속에서 감정과 가치를 조율할 수 있는 역량이다.

따라서 교육은 인간의 '존재됨'을 중심에 두어야 하며, 이는 교육 목적, 교육과정, 교사 역할, 평가 체계, 지역 사회 연계, 국가 정책 등 모든 영역의 패러다임 전환을 수반해야 한다. 존재 중심 인성교육은 교육의 철학적 재구성일 뿐 아니라, 교육 문화의 전면적인 재설계가 필요한 도전이다. 이 장에서는 이러한 전환을 실질적으로 이끌어낼 수 있는 다차원적 정책 전략과 실행 체계를 구체적으로 제시하고자 한다.

2. 교육과정 차원의 재구성

- 교과 통합형 존재 중심 코칭 모듈 개발: 각 교과의 특성과 철학을 고려해, 존재 기반 질문(예: "이 개념은 너에게 어떤 의미인가?"), 감정 탐색 활동, 가치 우선순위 설정, 공동체적 책임감을 유도하는 코칭 대화 등으로 구성된 수업 모듈을 교과별로 설계한다. 예를 들어 국어 시간에는 문학작품 속 인물의 감정 구조 분석과 자기감정 연결 활동을, 역사 시간에는 역사 속 인물의 선택과 존재적 결단을 탐구하는 활동을 도입할 수 있다.
- '존재코칭 수업' 제도화 및 시간 확보: 기존의 창체 시간, 생활지도 시간, 진로 시간 중 일정 부분을 고정적으로 '존재코칭 수업'으로 편성하고, 교사에게 별도 시수와 평가 권한을 부여한다. 이 시간을 통해 학생들은 자신의 욕구, 감정, 가치, 정체성, 미래 방향 등을 탐색하며 삶의 주도성을 길러간다.
- 디지털 기반 존재 인식 훈련 프로그램 개발 및 보급: AI 기술을 활용해, 청소년들이 자신의 일상 감정 패턴, 스트레스 유발 요인, 타인과의 상호작용 분석 결과 등을 시각적으로 확인하고 피드백을 받을 수 있는 시스템을 개발한다. 이 시스템은 학생 개인 포트폴리오와 연계되고, 진로지도 및 상담에도 활용된다.

3. 교사 연수 및 역량 인증 시스템 혁신

- '존재 기반 교육자 역량 모델' 구축 및 전국적 연수 체계화: 감정 민감도, 언어 구조 민감도, 존재 질문 생성 능력, 자기 수용 역량, 코칭적 경청과 반영 기술 등을 포함한 '존재 기반 교사 핵심 역량 모델'을 정립하고, 이 기준에 따라 예비 교사 및 현직 교사 대상 연수를 단계별로 구성한다.
- 존재 코칭 리더 인증제 운영: 일정 연수 이수 및 실습을 마친 교사에게 '존재 코칭 리더' 자격을 부여하고, 학교 내 인성교육 기획과 연수, 후배 교사 멘토링을 주도할 수 있도록 한다. 인증 갱신을 통해 지속적인 성장을 도모하며, 해당 교사를 지역 교육청 차원에서 인성교육 TF에 포함한다.
- 전문 코치와 교사 간 상시 협력 플랫폼 구축: 온라인 기반 '코칭-교사 연계 플랫폼'을 개발하여, 정기 워크숍, 수업 공동 설계, 사례 나눔, 상호 멘토링, 영상 콘텐츠 공유 등을 가능케 한다. 이를 통해 코칭이 학교 현장에서 일회성 개입이 아닌 지속 가능한 문화로 자리 잡도록 한다.

4. 부모 및 지역 사회 연계 교육 모델 구축

- 학부모 대상 감정 코칭 프로그램 정례화: 학부모들이 자녀의 감정 신호를 인식하고 반응하는 역량을 키울 수 있도록, 온라인·오프라인 통합 프로그램을 제공한다. 프로그램 내용에는

'감정 언어 사용법', '갈등 상황에서의 존재적 반응', '자녀의 존재를 듣는 기술' 등이 포함된다.

- 청소년 자조 집단 및 또래 코칭 커뮤니티 형성: 학교 안팎에서 또래 청소년들이 서로의 이야기를 듣고, 감정을 존중하고, 방향성을 함께 탐색하는 코칭 기반 소그룹 활동을 정례화한다. 이들을 위한 리더십 훈련 과정과 인증 체계를 마련하여, 청소년 스스로가 또 다른 청소년을 성장시키는 '존재 공동체'를 이루도록 유도한다.
- 지자체와 협력한 마을 단위 인성 코칭 네트워크 운영: 각 지역 청소년센터, 도서관, 주민센터, 교회 등과 연계하여, 청소년 코칭 워크숍, 부모 세미나, 시민 대상 인성 대화모임을 지속 운영한다. 지역 중심의 '코칭 마을 만들기' 프로젝트로 확산시켜 학교 밖 교육 문화로 발전시킨다.

5. 다차원 평가 시스템의 혁신

- 존재 기반 자기 성찰 루브릭 표준화: 기존의 성적과 행동 중심의 평가를 넘어, 자기 이해, 감정 명료화, 가치 통합, 공동체 기여, 자율적 선택 등 존재 중심 요소들을 정성적·정량적 루브릭으로 평가하는 체계를 구축한다. 이 평가는 학습자가 스스로를 돌아보는 도구이자, 교사·부모의 피드백 기초 자료가 된다.
- 개인 포트폴리오 + AI 감정 기록 시스템 결합: 학생들이 일상

에서 느낀 감정, 경험한 전환의 순간, 의미 있는 관계, 자기 선
언문 등을 기록한 포트폴리오에, AI 기반 감정 분석 결과 및
코칭 대화 요약 데이터를 통합함으로써, 보다 입체적인 성장
추적이 가능해진다.

- 성찰 기반 성장 보고서 제도화: 성적표와 별도로 학생 개인의
  존재 성장 기록을 중심으로 한 '성찰 기반 성장 보고서'를 연 1
  회 이상 발행하며, 해당 보고서는 진로지도, 입시, 상담, 부모-
  교사 면담 등 다양한 영역에서 활용될 수 있다.

6. 정책적 제안과 국가적 로드맵 수립

- 존재 중심 인성교육 진흥을 위한 특별법 제정: 교육기본법 내
  인성교육 조항을 개정하거나 별도 특별법을 제정하여, 존재
  기반 철학과 방법론이 제도권 교육에 포함될 수 있도록 법적
  근거를 마련한다. 해당 법안에는 커리큘럼 기준, 연수 규정,
  재정 확보, 지역센터 설치 등이 명시된다.
- '인성교육-코칭 융합 연구지원센터' 설립: 국가 차원의 연구기
  관 또는 대학 내 센터를 설립하여, 인성교육과 코칭의 융합 모
  델을 지속 개발하고, 실험학교, 교사연수, 정책 개발 등과 연
  계된 R&D 허브로 운영한다.
- 국가 교육 비전 내 존재 기반 교육 명문화: 중장기 국가 교육
  정책 비전 문서(예: 교육 기본계획) 내에 존재 기반 교육 철학과
  비전, 실행 로드맵, 평가 지표를 공식적으로 포함해 교육체제

의 대전환을 선언하고 실행에 옮긴다.

7. 결론: 철학을 품은 제도, 인간을 살리는 정책

교육은 기술이 아니라 철학이다. 제도는 절차가 아니라 정신이다. 존재 중심 인성교육은 단순한 교수법의 문제가 아니다. 그것은 교육의 목적이 무엇이며, 인간을 어떻게 바라볼 것인가에 대한 본질적인 질문이다. 우리는 이제 지식의 전달자에서 존재의 동반자로, 통제자의 역할에서 해방자와 공감자의 역할로 전환해야 한다.

이러한 전환은 사람 한 명의 실천으로는 불가능하다. 철학은 시스템이 될 때 지속되며, 정책으로 이어질 때 사회를 바꾼다. 이 장에서 제안한 다층적 제도 개편, 연수 체계, 지역 연계, 법제화 방향은 존재 중심 인성교육이 국가 교육의 중심축으로 자리를 잡기 위한 구체적인 전략들이다.

이제 우리는 한 걸음 더 나아가야 한다. 다음 장에서는 이러한 교육 철학과 제도적 접근, 코칭 실천이 어떻게 하나로 통합되어 작동할 수 있는지, 그리고 이를 위한 종합 교육모델과 확산 전략에 대해 정리하고자 한다.

제16장

존재 중심 인성교육의
통합 모델과 확산 전략

오늘날 인성교육은 더 이상 단편적인 덕목 중심 교육이나 일회성 행동 교정 프로그램에 머물러서는 안 된다. 우리는 지금 인간의 전인적 성장, 즉 존재 전체를 다루는 교육의 전환점에 서 있다. 특히 AI와 디지털 기술이 인간의 사고와 일상, 관계, 직업 세계에까지 심층적으로 영향을 미치는 이 시대에는, 기계로 대체할 수 없는 '인간다움'의 본질을 회복하고 확장하는 교육이 무엇보다도 시급하다. 존재 중심 인성교육은 인간 내면의 욕구, 이성, 양심, 감정, 정서와 같은 5대 기질을 기반으로 하여, 단순한 행동 교정이 아니라 삶의 의미와 태도, 존재 방식에 깊이 접근하는 새로운 패러다임을 제안한다.

그러나 이러한 교육이 단지 이상적인 비전이나 개별 교사의 열정에 의존해서는 실질적인 전환을 이루기 어렵다. 지속 가능하고 체계적인 실천을 위해서는, 존재 중심 인성교육을 담아낼 수 있는 구조적 통합 모델이 절실하다. 이 모델은 교육과정의 방향 재설계, 교사와 코치의 전문 역량 강화, 학생 중심의 맞춤형 평가 체계 개발, 지역사회와 가정의 협력적 연계, 온라인과 오프라인을 넘나드는 학습 환경 구축 등 다양한 요소들이 유기적으로 통합되어야 한다. 이러한 요소들은 단지 병렬적으로 나열되는 것이 아니라, 철학적 기반 위에서 상호작용하며 존재 중심 인성교육의 핵심 가치를 구현해 내는 방식으로 설계되어야 한다.

또한 이 통합 모델은 학교 안에서만 국한되지 않고, 가정, 교회, 마을 공동체, 기업, 그리고 디지털 플랫폼 등 다양한 생활의 장에서 실천되고 확산될 수 있어야 한다. 이를 위해서는 존재 중심 인성교육을 담아낼 수 있는 커리큘럼 개발, 지도자 훈련 프로그램, 실천 안내서, 사례 공유 플랫폼 등 실질적인 도구와 기반 시설이 함께 제공되어야 한다.

이 장에서는 이러한 통합 모델의 구성 요소를 구체적으로 제시하고, 이를 기반으로 존재 중심 인성교육을 학교, 지역 사회, 국가 차원에서 어떻게 구현하고 확산시킬 수 있을지를 체계적으로 고찰하고자 한다. 단순한 교육 개혁이 아닌, 인간에 대한 새로운 이해와 존중에 기반한 전인적 교육의 설계를 위한 철학적 토대와 전략이 이 장의 핵심이다. 이러한 시도야말로 우리 아이들이 진정한 인간으로 살아가는 데 필요한 내면의 힘을 기르고, 관계 속에서 조화롭게 성장하며, 자기 존재의 가치를 스스로 발견하는데 중요한 역할을 할 것이다.

1. 존재 중심 인성교육 통합 모델의 구성 원리

존재 중심 인성교육은 단편적인 기법이나 일시적인 프로그램이 아니라, 인간 존재에 대한 깊은 철학적 인식에 바탕을 둔 전인격적 교육 패러다임이다. 이는 학생을 지식의 수용자로만 보는 기존 관점에서 벗어나, 감정과 욕구, 가치와 태도를 모두 아우르는 '살아 있는 존재'로 바라보는 시각을 바탕으로 한다. 존재 중심 인성교육은 교육과정, 교수법, 평가 방식, 공동체 문화, 그리고 교육 정책까지 하나의 유기적인 생태계로 엮어내는 통합 모델로 제안된다.

이러한 통합 모델은 다음과 같은 5가지 핵심 원리에 기반한다.

- 존재 인식의 심화: 학생은 단지 지식을 받아들이는 객체가 아니라, 스스로 의미를 만들어내는 주체이다. 각자의 삶의 맥락 속에서 고유한 의미를 지닌 존재로 바라보는 관점이 교육의 출발점이다.
- 감정 및 가치의 통합: 감정은 단지 반응이 아니라 자기 존재를 인식하게 하는 창이며, 가치는 행동의 방향성을 결정하는 나침반이다. 코칭은 이를 명료화하고 수용할 수 있도록 돕는 교육적 대화 도구이다.
- 대화 기반 교육: 질문-경청-공감-반영으로 이어지는 코칭 대화는 학생의 내면으로부터 진정성 있는 탐색과 자기 주도 학습을 가능하게 한다. 이는 전통적인 지시형 수업과는 다른 전환적 교육 경험을 제공한다.
- 관계 회복과 공동체성 회복: 경쟁과 성취 중심의 교육 문화를

넘어, 서로를 돌보고 연결하는 공동체 중심 문화를 지향한다. 학생과 교사, 학부모가 모두 학습 공동체의 일원으로 참여하는 구조가 필요하다.

- 정책과 제도의 시스템화: 교육의 일관성과 지속 가능성을 위해서는 교육과정, 교사 연수, 평가 기준, 제도적 지원이 통합적으로 설계되어야 한다. 철학이 정책으로, 정책이 실천으로 이어져야 한다.

2. 존재 중심 인성교육 실행 구조

교육과정 구조

- '존재 코칭 수업'을 정규 수업에 정례화하여, 주 1회 이상 감정 탐색과 자기표현 수업을 운영한다.
- 국어, 도덕, 역사 등 인문 교과와 통합 가능한 '존재 기반 모듈 수업'을 구성하고, 프로젝트 기반 학습으로 자기 탐색 활동을 이끈다.
- '인생 디자인 프로젝트', '감정 일기 쓰기', '나의 정체성 지도 그리기' 등 체험 중심 콘텐츠 운영

교사 역량 구조

- 3단계 교사 연수 체계 구축: ① 철학 기반 자기 성찰 과정, ② 코칭 언어 및 경청 실습 과정, ③ 교육 현장 적용 실습 과정
- 연간 교사 피어 코칭 그룹 구성 및 정기 피드백 회의 진행
- '존재 중심 코칭 리더 인증제' 도입: 수료 기준, 평가 루브릭, 현장 실습 포함

학습자 성장 구조

- 학생별 감정 탐지 및 반영 포트폴리오 작성
- 또래 피어 코칭 활동 정례화: '마음 친구' 제도, 대화 파트너 정기 운영
- 자기 인식 저널 및 월별 '자기 언어 선언문' 작성 프로그램 운영

평가 및 피드백 구조

- 인성 역량 루브릭 개발: 감정 인식, 자기 이해, 공감 능력, 책임감 등 항목 포함
- 디지털 감정 탐지 도구 및 AI 기반 성장 분석 시스템 도입
- 학생-교사-학부모 3자 협력형 피드백 구조 설계

지역 사회 및 제도 연계 구조

- 지역 단위 존재 코칭 커뮤니티 설립(청소년센터, 교회, 마을 학교 등)
- 학부모 대상 존재 언어 연수 및 가족 코칭 대화 워크숍 운영
- 지역 교육청 주도의 '존재 중심 인성교육 지원 센터' 설치 및 운영 매뉴얼 마련

3. 확산 전략

모델학교 운영 및 지원 체계 구축

- 전국 100개 시범학교 운영: 코칭 전담 교사, 외부 코치, 학부모, 연구자가 참여하는 실행팀 구성
- 시범학교 대상 사례 연구 및 영상 콘텐츠 아카이브 구축

인성교육 R&D 체계 정비

- 교육부 주관의 '존재 기반 인성교육 연구단' 운영
- 대학교, 연구소, 민간 코칭 기관 연계를 통한 실행 지침, 평가 도구, 진단도구 공동 개발

정책 로드맵 3단계 확산 계획

 1단계: 시범 도입 및 데이터 축적 → 2단계: 지역거점 모델 확대
→ 3단계: 전국 정책 반영 및 예산 확보

인재 양성 및 인증제도 정비

- 사범대학 및 교육대학원 내 '존재 코칭 교육학' 트랙 개설
- 청소년 피어코치 인증제 운영 및 진로 연계 확대
- 인성교육 전문기관과의 연계형 전문가 인증제 구축

미디어 및 디지털 콘텐츠 활용

- 청소년 대상 존재 중심 콘텐츠 유튜브 시리즈 및 감정 탐색 카드 앱 개발
- 감정 리듬 음악, 코칭 시뮬레이션 게임, VR 기반 자기 탐색 훈련 도구 개발
- 청소년이 직접 참여하는 콘텐츠 공모전 및 캠페인 운영

4. 결론: 존재가 교육을 살린다

 우리는 지금까지 교육을 '지식 전달'의 도구로만 여겨왔지만, AI 시대의 교육은 존재의 성장과 의미 창조의 장으로 확장되어야 한

다. 존재 중심 인성교육은 학생 개개인을 삶의 주체로 회복시키고, 학교를 단지 입시 준비의 공간이 아니라, 자신을 만나고 세계와 연결되는 살아있는 공간으로 재구성한다.

지식은 AI가 더 많이 줄 수 있다. 그러나 존재는 인간만이 나눌 수 있다. 이 존재 중심의 교육은 인성교육을 단지 '바른 생활 습관'이나 '도덕 교육'의 범주에 가두는 것이 아니라, 삶 전체를 변화시키는 힘으로 작동하게 한다.

이제 우리는 더 이상 선택의 기로에 있지 않다. 교육의 방향이 존재 중심으로 전환되지 않는다면, 우리는 다음 세대에게 인간다움의 핵심을 잃은 세계를 물려줄 수밖에 없다. 존재 중심 인성교육의 통합 모델은 학교, 교사, 학생, 지역 사회, 국가 정책이 함께 얽혀 새로운 문화를 형성하고, 교육을 회복하는 일대 전환점이 될 것이다.

이제 시작이다. 철학은 실천으로, 실천은 제도로, 제도는 문화로 이어져야 한다. 존재 중심 인성교육은 우리 시대 교육의 궁극적인 대답이며, 미래 세대에게 줄 수 있는 가장 아름다운 선물이다.

제17장

인성교육의 새로운 패러다임을 향하여: 존재 중심 접근의 미래적 비전

21세기 중반을 향해 나아가는 지금, 우리는 인류 역사상 유례없는 속도의 기술 발전과 사회 변동 속에서 살아가고 있다. 인공지능, 빅데이터, 사물인터넷, 가상현실과 같은 첨단 기술은 인간의 삶의 양식을 근본적으로 재구성하고 있으며, 이는 단순히 생활의 편의성을 넘어서 인간의 사고방식, 감정표현, 가치판단, 그리고 대인관계에 이르기까지 영향을 미치고 있다. 이러한 총체적 변화는 교육의 목적과 방식, 특히 인성교육의 본질에 대한 근본적인 재고를 요구한다.

기존의 인성교육은 도덕적 규범을 암기시키거나 외부 기준에 맞추도록 훈련하는 데 집중해 왔다. 그러나 이러한 방식은 인간의 내면과 삶의 실제 맥락을 반영하지 못한 채, 피상적인 행동 수정에 머무는 경우가 많았다. 이제 우리는 표면적인 모범 제시나 타율적인 행동 통제를 넘어, 인간의 존재 그 자체에 깊이 접근하는 교육이 필요하다.

그 중심에 바로 존재 중심 인성교육이 있다. 이 접근은 인간의 다섯 가지 기질—욕구, 이성, 양심, 감정, 정서—을 중심으로 인간 내면을 탐구하고, 자기 이해와 수용, 자기 조절을 기반으로 자율적 존재로 성장할 수 있도록 돕는다. 존재 중심 인성교육은 지식이나 기술 중심의 교육을 넘어서, 삶의 방향과 의미를 탐색하게 하며, 인간다움을 회복하고 확장하는 교육적 전환점이 된다.

1. 기존 인성교육의 한계와 존재 중심 접근의 대안성

기존 인성교육은 규범 중심, 행동 중심, 모범 중심이라는 세 가지 틀을 통해 운영되어 왔다. 이들은 다음과 같은 방식으로 교육 현장에서 구현되었다.

- 규범 중심: 사회적으로 바람직한 덕목이나 도덕 규칙을 암기 시키고 따르게 하는 방식
- 행동 중심: 문제 행동을 교정하거나 바람직한 행동을 강화하는 행동주의적 접근
- 모범 중심: 이상적인 인물이나 위인 사례를 제시하며 학습자가 이를 본받도록 유도하는 방식

이러한 방식은 단기적인 행동 수정이나 집단 내 질서 유지에는 일정한 효과를 보여 왔으나, 다음과 같은 구조적 한계를 지니고 있다.

- 외재적 통제 중심: 내면의 동기와 의미를 무시한 채 외적인 기준에만 맞추려 함
- 획일적 접근: 개인의 기질, 발달 단계, 맥락을 고려하지 않은 일률적인 지도
- 지속 가능성 부족: 교육 효과가 상황에 따라 쉽게 무너지는 비일관성과 불안정성
- 피교육자의 수동성 강화: 교사 중심, 지시 중심 수업 설계로 학습자의 자율성과 창의성 억제

반면 존재 중심 접근은 다음과 같은 대안적 가능성을 제시한다.

- 기질 기반의 개별화 교육: 다섯 가지 기질을 통해 학습자의 정서적, 인지적 구조를 이해하고 지도
- 자기 인식과 자기 수용을 기반으로 한 내면 변화: 타율적 통제가 아닌 자율적 선택으로 행동 변화를 이끌어냄
- 존재 탐색 중심 질문과 대화: 정답 중심 교육에서 벗어나 삶의 의미를 탐색하게 함
- 공감과 관계 중심 인성 함양: 타인을 이해하고 공동체 안에서 조화를 이루는 사회적 감수성 고양
- 인간다움의 회복과 확장: 기술이 대체할 수 없는 영역에서 인간 고유의 가치를 재발견함

이러한 변화는 교육방법의 혁신을 넘어, 인간과 존재에 대한 근본적인 인식의 전환을 수반하는 철학적 변화이며, 교육 패러다임

의 본질적인 전환을 의미한다.

2. 존재 중심 인성교육의 철학적 기초

존재 중심 인성교육은 인간을 정해진 틀이나 고정된 성격이 아닌, 끊임없이 변화하고 진화하는 가능성의 존재로 본다. 이러한 철학적 전제는 다음과 같은 핵심 개념으로 구성된다.

- 존재는 흐름이다: 인간은 고정된 상태가 아닌, 경험과 선택, 관계를 통해 계속해서 변화하고 성장하는 존재이다.
- 존재는 관계 안에서 규명된다: 인간의 감정, 신념, 태도는 타인과의 상호작용 속에서 형성되고 의미화된다.
- 존재는 자유로운 선택을 통해 형성된다: 외부의 지시에 의한 복종이 아니라, 자율적인 선택과 책임이 진정한 성장을 가능하게 한다.
- 존재는 의미를 탐색하는 과정이다: 인간은 본능적으로 삶의 방향과 목적을 묻는 존재이며, 교육은 이 질문을 촉진해야 한다.

이러한 철학은 인성교육을 도덕 교육이나 행위 교정 차원이 아닌, 존재의 완성을 위한 성장의 여정으로 확장시킨다. 따라서 교실은 지식 전달의 공간을 넘어, 자기 탐색과 관계적 성장을 위한 실천의 장이 되어야 한다.

3. 존재 중심 접근의 실천 구조

존재 중심 인성교육은 이론에 그치지 않고 구체적인 실천 단계를 포함한다. 다음은 주요 단계이다.

- 기질 인식: 욕구, 이성, 양심, 감정, 정서의 다섯 기질을 언어화하고 메타인지하는 능력을 기른다.
- 존재 질문 탐색: 각 기질에 맞는 존재 탐색 질문을 통해 자신의 내면과 정서 구조를 이해하도록 돕는다.
- 내면 수용과 통합: 부정적인 감정이나 충동조차도 억압하지 않고 수용하며, 통합과 균형의 시각에서 자기 조절을 시도한다.
- 의미 중심의 선택 훈련: 외부 기준이 아닌, 자기 존재와 삶의 의미에 근거한 선택을 연습한다.
- 공감 기반의 관계 통합: 자기 중심적 시각에서 벗어나 타인의 기질과 감정을 공감하며 공동체 안에서 건강한 관계를 맺는다.

이러한 접근은 코칭 대화, 피어 토의, 자기 성찰 일지, 창의적 글쓰기, 감정 표현 연습, 공동체 활동 등 다양한 수업 형태로 확장 가능하다. 또한 정규 교육뿐 아니라 가정, 지역 사회, 교회, 동아리 등 모든 삶의 공간에서 실천될 수 있다.

4. 교육과 AI의 만남:
인간다움을 어떻게 회복할 것인가?

기술이 인간의 일상과 교육에 깊숙이 침투한 지금, 우리는 인간의 고유한 영역을 더욱 선명히 인식해야 한다. AI는 정보의 저장, 분석, 예측, 문제 해결 능력에서는 인간을 능가할 수 있으나, 다음의 영역은 인간 고유의 것이다.

- 감정 공명과 정서적 반응
- 가치 판단과 도덕적 통찰
- 삶의 의미 구성과 정체성 탐색
- 자기 인식과 타자 이해를 통한 관계 형성

존재 중심 인성교육은 이러한 인간다움을 확장하고 강화하는 교육이다. 또한 AI를 도구로 활용하여 기질 분석, 자기 성찰 피드백, 존재 질문 자동 추천 등의 기능을 탑재한 교육 플랫폼을 통해 더욱 정밀하고 효과적인 인성교육을 구현할 수 있다. 인간과 기술의 공진화를 통해, 오히려 더 깊은 인간 이해와 존재 교육이 가능해지는 것이다.

5. 미래 교육을 위한 정책 제안

존재 중심 인성교육이 실천적이고 구조적으로 자리 잡기 위해서는 다음과 같은 정책들이 필요하다.

- 교사 역량 강화: 존재 질문 개발, 코칭 기법 훈련, 기질 기반 피드백 역량 강화 프로그램 운영
- 교육과정 개정: 존재 탐색 기반 주제 중심 교육과정 도입, 기질 기반 수업 설계 모델 제시
- AI 기반 진단 및 피드백 시스템 구축: 맞춤형 존재 질문 제공, 학습자의 기질 변화 추적 시스템 개발
- 지역사회 연계 인성교육 네트워크 형성: 가정, 지역 단체, 학교, 기업 등이 협력하여 전방위적 인성환경 구축
- 예산 및 연구 지원 확대: 인성 코칭 관련 연구 활성화 및 교재 개발 지원, 존재 중심 교육 실험학교 설립

이러한 종합적 정책이 추진될 때, 존재 중심 인성교육은 일시적인 시도가 아니라 미래 교육의 근간으로 자리 잡게 될 것이다.

6. 결론: 존재를 향한 교육으로의 귀환

우리는 지금, 새로운 시대의 변곡점에 서 있다. 인간다움을 회복해야 한다는 절박함, 그리고 삶의 의미를 재정의해야 한다는 시대적 요구 앞에서, 교육은 근본적인 방향 전환을 필요로 한다. 존재 중심 인성교육은 단순한 대안이 아니라, 교육의 본질을 회복하는 길이다.

이제 우리는 아이들에게 단지 '무엇이 옳은가'를 가르치기보다, '너는 누구인가'를 함께 탐색해야 한다. 정답을 제공하는 교육에서, 질문을 함께 던지는 교육으로. 외부의 틀에 맞추는 교육에서, 자신의 내면을 해석하고 성장하는 교육으로. 존재 중심 인성교육은 그 길을 제시한다.

존재에 대한 이해는 인간에 대한 가장 깊은 존중이고, 이는 결국 공감과 책임, 공동체 회복의 시작점이 된다. 우리가 지금 이 방향으로 나아갈 수 있다면, 인성교육은 다음 세대에게 줄 수 있는 가장 위대한 선물이 될 것이다.

코칭으로 완성되는 인성교육의 여정

인성교육은 단순히 지식을 주입하거나 규범을 전달하는 교육의 차원을 넘어, 한 사람의 내면 깊은 곳에 잠재된 가치와 가능성을 발견하고 이를 일상에서 구현하도록 돕는 장기적이고 역동적인 여정이다. 과거의 인성교육이 주로 외부 기준과 규범을 내면화시키는 데 초점을 맞췄다면, 오늘날의 인성교육은 학습자가 스스로 삶의 방향성을 재정립하고, 관계와 사회 속에서 의미 있는 변화를 만들어가는 것을 목표로 해야 한다. 그러나 이러한 변화가 단순한 지시나 강요에 의한 것이 아니라, 자발성과 자기 주도성에서 비롯될 때만이 그 효과가 지속 가능하다.

이 지점에서 코칭의 가치와 필요성이 두드러진다. 코칭은 질문과 경청을 통해 학습자가 스스로 해답을 찾도록 유도하고, 내면에 이미 존재하는 자원과 강점을 발견하여 활용할 수 있게 한다. 특히 존재 중심 코칭은 '나는 어떤 존재로 살아갈 것인가?'라는 근본적인 질문을 던지며, 학습자가 자신의 가치관, 신념, 행동 원칙을 깊이 성찰하도록 돕는다. 이 과정에서 학습자는 감정과 사고의 층위를 세밀하게 탐구하고, 삶의 선택을 이끄는 내적 기준을 명확히 세운다.

존재 중심 코칭의 질문들은 단순한 사고 전환을 넘어 감정의 깊이를 확장하고, 타인과의 관계 속에서 새로운 소통의 방식을 열어준다. 이를 통해 학습자는 자신의 기질적 특성과 8대 덕목을 연결하며, 이를 실천 가능한 행동으로 변환한다. 코칭은 변화의 주체가 학습자 자신이 되도록 하여, 인성교육이 지향하는 지속적이고 자기 주도적인 성장을 실현한다.

AI 시대라는 거대한 변혁 속에서 인성교육과 코칭의 결합은 단순한 교육 방법의 하나가 아니라 인류가 미래를 창조하고 지속 가능성을 확보하는 핵심 전략이 된다. 존재를 깨우는 인성교육은 코칭이라는 촉매를 통해 비로소 완성되며, 이 여정을 걷는 이들은 변화의 수동적 수혜자가 아닌, 자신의 삶과 공동체를 능동적으로 재구성하는 창의적 설계자가 된다. 그들은 내면의 변화가 외부 세계에 긍정적 파급력을 미치는 것을 경험하며, AI 시대를 살아가는 새로운 인성의 모델을 제시하게 될 것이다.

1. 존재 중심 코칭의 통찰

정답이 아닌 존재를 향한 교육

오늘날의 인성교육은 단순히 올바른 행동을 반복적으로 훈련시키는 것에서 벗어나야 한다. '정답' 중심의 교육은 청소년이 외부 기준에 맞추기 위해 자신을 억압하게 만들고, 내면의 진짜 목소리를 들을 기회를 박탈한다. 존재 중심 인성교육은 '무엇이 옳은가'보다 '나는 누구인가', '나는 왜 그렇게 느끼는가', '그 행동 뒤에 숨은 나의 기질은 무엇인가'를 탐색하는 방향으로 나아간다.

이러한 접근은 청소년을 통제의 대상이 아닌 존재로 존중하며, 스스로의 내면과 대화하게 한다. 교사와 부모, 멘토는 '답을 알려주는 사람'이 아니라, 질문을 통해 존재를 깨우는 '거울'이 된다. 존재 중심 질문은 단순한 정보를 묻는 것이 아니라, 아이의 내면을 자극하고 성찰을 유도하는 심층 대화의 출발점이 된다. 여기서 중요한 것은 질문을 던지는 기술 그 자체가 아니라, 그 질문이 어디로부터 나오고, 누구를 향해 있으며, 어떤 관계 안에서 작동하는가 하는 '존재적 태도'이다.

청소년이 자신의 욕구, 감정, 이성, 양심, 정서를 이해하고 통합할 수 있도록 돕는 것은, 인성을 단순한 덕목의 나열이 아니라 '살아 있는 존재의 패턴'으로 재구성하는 교육적 작업이다. 이러한 인성의 재구성은 단지 학생의 행동을 교정하는 것이 아니라, 그의 존재 전체를 통합적으로 성장시키는 교육적 혁신이며, 나아가 사회의 정서적 안전망을 강화하는 역할도 한다.

또한, 존재 중심 인성교육은 학습자의 자율성과 자기주도성을 확장시킨다. 스스로를 이해하고 조절하는 능력은 외적 통제가 아니라 내면의 통찰과 감지에서 비롯되며, 이는 성숙한 시민성과 공동체 의식으로 이어진다. 존재 중심 교육을 받은 학생은 타인의 지시에 따르기보다는 자신의 감각에 기반한 선택을 하게 되며, 그 과정은 진정한 책임감을 함양하는 과정이 된다. 결국 존재 중심 교육은 개인의 성장뿐만 아니라 사회 전체의 문화적 성숙을 위한 기초를 제공하며, 인간다움이라는 본질적 가치를 미래 세대에게 계승하는 중요한 방법론이 된다.

뿐만 아니라, 이 교육은 교육자와 청소년 간의 관계의 질을 바꾸고, 학교와 가정에서 이루어지는 일상의 소통 구조를 근본적으로 재편한다. 단순한 규칙 준수에서 벗어나 감정, 동기, 가치의 흐름 속에서 함께 존재를 경험하고 표현할 수 있는 공간을 만들어준다.

이러한 공간은 청소년의 자아 존중감을 높이고, 타인의 차이를 이해하며, 공동체 안에서 자신의 역할과 책임을 자각하도록 돕는다. 존재 중심 인성교육은 이처럼 '사람다움'을 회복하는 새로운 교육의 기초가 된다.

교육과 AI가 만날 때, 인간다움은 어떻게 회복되는가

AI 시대, 정보는 넘쳐나고 판단 기준은 외부화되어 있다. 우리는 무엇이 '옳다'고 검색하면 곧바로 정답을 얻게 되는 시대에 살고 있다. 그러나 AI는 인간이 아니다. 감정, 양심, 정서 리듬과 같은 복합적 요소들은 아직 기계가 닿을 수 없는 영역이다. AI는 빠르고 정확하며 계산적이지만, 인간은 느리고 복잡하며 의미를 추구한다. 이 격차가 바로 교육이 개입해야 할 공간이다.

이때 교육은 인간다움을 회복해야 한다. 인간다움은 느낄 줄 알고, 멈출 줄 알며, 서로의 존재를 마주할 수 있는 능력에서 비롯된다. 존재 중심 인성교육은 AI가 제공하지 못하는 가장 본질적인 인간 내면의 감각과 연결되며, 인간 고유의 인식과 통찰, 관계성과 공동체성을 회복하도록 돕는다. 이는 교육이 단지 지식을 전달하는 기계적 기능이 아니라, 삶의 의미와 가치를 확장시키는 영적인 과정이 되어야 함을 뜻한다.

아이들은 질문을 통해 자신을 탐색하며, 답이 아닌 방향성을 가진 사람이 된다. 방향성이 있는 사람은 단지 문제를 푸는 사람이 아니라, 인생의 의미를 탐구하는 존재가 된다. AI가 도와줄 수 있는 것은 구조와 정리이지만, 존재의 진동과 의미는 오직 인간만이 발견할 수 있다. 존재 중심 코칭은 이 시대에야말로 가장 인간적인 교육 언어가 된다.

또한, AI 기술을 교육에 통합하면서도 인간의 내면을 무시하지 않는 통합적 접근이 필요하다. 코칭은 그 접점을 제공한다. 데이터를 통해 현재를 파악하되, 질문과 대화를 통해 인간의 내면을 움직이는 이중적 구조는 미래 교육의 핵심이 될 것이다. 존재 중심 교육은 이 양날의 균형을 잡아주는 유일한 방법론이 될 수 있다. 교육은 점점 자동화되어 가겠지만, 그 안에서 인간을 회복하고 중심에 세우는 노력은 더욱 절실해질 것이다.

더 나아가, AI 시대의 교육은 정보 습득에서 의미 생성으로, 지식 전달에서 존재 인식으로의 전환을 요구한다. 존재 중심 인성교육은 이 전환의 중심에 서 있다. 인간은 단순히 정보를 처리하는 기계가 아니라, 의미를 만들어내는 존재다. 따라서 AI가 제공하는 편리함과 정확성을 넘어, 존재 중심 교육은 학생들이 삶의 목적과 방향성을 발견하고, 자기 자신과 세계에 대한 깊은 질문을 던질 수 있도록 돕는다. 이는 교육이 인간 회복의 장이 되어야 한다는 점에서, 존재 중심 코칭은 미래 교육의 대안이 아니라 중심이 된다.

존재 코칭이 미래교육에 주는 통찰

토마스 레너드가 제안한 15가지 코칭 역량(Proficiencies)은 단순한 스킬이 아니다. 그것은 존재를 다루는 언어, 그리고 내면의 리듬과 조화를 이루는 방법론이다. 존재 중심 코칭은 다음과 같은 통찰을 인성교육에 제공한다.

통찰 1: 인성은 훈련이 아니라 깨어남이다

억제하거나 통제하는 대신, 인성을 구성하는 내면의 기질을 존중하고 이해하도록 돕는다. 깨어남은 강요로 되지 않는다. 질문과 공감, 기다림을 통해 자발적으로 일어나는 의식의 확장이다. 이 과정은 존재를 향한 존중이 바탕이 되어야 하며, 교육자와 학습자 사이의 신뢰가 핵심이다.

통찰 2: 질문이 교육의 핵심 도구다

강의보다 질문, 설명보다 경청을 통해 학습자 스스로 사고하고 선택하게 만든다. 질문은 생각을 자극하고, 감정을 인식하게 하며, 존재를 각성시키는 도구다. 효과적인 질문은 단순한 '왜'가 아니라, '무엇이 너를 그렇게 느끼게 했니?', '그 안에 있는 진짜 너의 이야기는 뭐야?' 같은 진입 포인트가 된다. 이 질문은 아이가 스스로를 관찰하고 인식하는 훈련이 되며, 자기 존재에 대한 깊은 탐색을 가능하게 만든다.

통찰 3: 교육자는 안내자가 된다

존재 중심 코칭은 교육자를 통제자나 평가자가 아닌 '존재의 여정 동행자'로 바꾼다. 교사는 학생의 행동을 평가하기보다, 그의 내면에 함께 머물 수 있는 공간을 제공한다. 이 동행은 단순한 지식 이전이 아니라, 함께 탐색하고 공감하는 존재 기반 관계 맺기의 과정이다. 교육자는 질문을 던지고 기다릴 줄 아는 사람이며, 청소년이 스스로를 발견하는 과정을 조용히 지지하는 존재가 된다.

통찰 4: 진짜 배움은 정체성을 재구성하는 과정이다

학습은 정보 습득이 아니라, 자신이 누구인지에 대한 해석과 성찰을 포함한다. 지식은 수단이고, 자기이해는 궁극적 목표가 되어야 한다. 존재 중심 교육은 청소년이 자기 존재의 의미를 탐구하고 재정의하게 만드는 촉매가 된다. 이는 청소년이 삶의 주도권을 갖고 자기 내면의 나침반에 따라 움직이도록 만드는 교육적 해방의 과정이기도 하다.

통찰 5: 기질은 정답보다 풍부하다

정답은 하나지만 기질은 복수적이며 관계적이다. 인성교육은 이 다양성을 조율하는 예술이다. 학생마다 다르게 작동하는 기질의 조합을 이해하는 것이야말로 진정한 교육이다. 기질을 억제하는 대신 이해하고 성장시키는 것, 그것이 존재 중심 코칭의 방향이다. 그리고 이를 위해서는 교사 자신도 자신의 기질을 탐색하고 수용하는 자기 코칭이 병행되어야 한다.

결론: 존재 중심 교육, AI 시대의 인간다움을 지키는 길

새로운 시대는 새로운 교육을 요구한다. 존재 중심 인성교육은 인공지능이 채워줄 수 없는 인간 존재의 깊이를 회복하는 교육의 방향을 제시한다. 기계가 줄 수 없는 질문, 감정, 가치, 정서를 다루는 이 교육은 진정한 '사람됨'을 회복하는 길이다.

청소년은 존재를 탐색할 수 있을 때, 타인의 눈이 아니라 자기 내면의 눈으로 자신을 바라볼 수 있게 된다. 정답보다 존재, 통제보다 이해, 외형보다 본질을 다루는 이 교육은 곧 인성교육의 새로운 패러다임이다.

이 패러다임은 단지 새로운 기법의 전환이 아니라, 인간에 대한 근본적인 관점의 변화다. 교사와 학부모, 코치와 교육자 모두가 '존재'라는 본질적 언어를 새롭게 배우고 실천할 때, 비로소 교육은 인간 중심으로 복원된다. 이러한 움직임은 미래 사회의 회복력, 창의성, 윤리성을 근본부터 재구성하게 될 것이다. 존재 중심 인성교육은 바로 그 시작점이며, 우리가 지금 다시 인간다움을 회복하고자 한다면, 반드시 마주해야 할 교육의 방향이다.

그리고 이는 단지 교육자에게만 주어진 과제가 아니다. 사회 전체가 존재 중심의 관점으로 전환되어야 한다. 기업, 정책, 가정, 지역사회 모두가 인간의 기질과 감정, 존재를 존중하는 문화로 나아갈 때, 인성교육은 실현 가능하고 지속 가능한 교육 혁신이 될 것이다.

2. 존재 중심 코칭 인성교육의 실제적 설계

개요

AI 디지털 시대에 접어든 오늘날, 청소년 인성교육은 기존의 도덕적 규범 주입이나 지시 중심의 통제적 지도 방식에서 벗어나, 각 개인의 내면을 탐색하고 존재 자체에 대한 인식을 확장하는 방향으로 전환되어야 한다. 정보 과잉과 정체성 혼란이 일상이 된 시대에서, 단순히 '옳은 행동'을 가르치는 것이 아니라 '나는 누구인가', '무엇이 나를 움직이는가'에 대한 존재 기반의 질문이 핵심이 되어야 한다.

특히 현대 코칭의 창시자로 불리는 토마스 레너드의 코칭 철학은 이러한 전환점에 있어 매우 중요한 기여를 한다. 그가 제안한 존재 중심 코칭은 청소년의 내면을 구성하는 5대 인성 기질(욕구, 이성, 양심, 감정, 정서)을 중심으로 대화하고 조율하는 방법을 제시하며, 각 기질 간의 긴장과 조화를 통해 자율성과 자기 인식을 동시에 촉진하는 강력한 교육적 도구가 된다. 이 문서는 교사, 부모, 코치가 청소년과의 실생활에서 이 철학을 실제로 적용할 수 있도록 돕는 실제적 인성교육 설계 지침서로, 존재 중심 질문과 워크시트, 실천 모델, 코칭 일지 등 다양한 활용 도구를 종합적으로 담고 있다.

1. 5대 기질 중심 존재 질문 모음

1.1 욕구

- "지금 네 안에서 가장 강하게 느껴지는 바람은 무엇이야?"
- "그 욕구가 너에게 어떤 의미를 갖는다고 느껴져?"
- "이 욕구가 너를 어떤 사람으로 만들고 있니?"
- "이 욕구가 충족되었을 때 너는 어떤 존재로 경험되니?"
- "이 욕구를 부정하거나 억누를 때, 너는 어떤 감각을 경험하니?"
- "이 욕구는 너의 어떤 내면적 결핍에서 비롯되었을까?"
- "욕구가 충돌할 때, 너는 무엇을 우선하는 경향이 있니?"

1.2 이성

- "그 선택을 할 때, 네 안에서 어떤 기준이 작동했을까?"
- "그 판단은 너의 어떤 믿음에 기반하고 있을까?"
- "그 생각이 네 존재와 얼마나 연결되어 있다고 느끼니?"
- "이 판단은 너의 어떤 가치를 반영하고 있을까?"
- "이 사고 과정은 너에게 어떤 안정감 또는 불안을 주었니?"

- "너는 언제 가장 논리적이고 명확하다고 느끼니?"
- "그 판단은 네가 성장하면서 배운 어떤 원칙에서 왔을까?"

1.3 양심

- "이 상황에서 무엇이 옳다고 느껴졌니?"
- "그 판단은 너에게 어떤 책임감을 요구하고 있니?"
- "너는 그 결정에 대해 스스로에게 떳떳하다고 느끼니?"
- "양심의 목소리는 너의 어떤 존재적 기준에서 비롯된 걸까?"
- "그 결정이 너와 타인의 관계에서 어떤 균형을 만들고 있니?"
- "너의 이상과 현실 사이의 간극을 어떻게 느끼고 있니?"
- "너는 언제 가장 내면의 기준에 따라 행동했다고 느끼니?"

1.4 감정

- "지금 느끼는 감정은 너에게 어떤 이야기를 들려주고 있을까?"
- "그 감정은 언제 처음 네 안에서 생겼다고 느껴져?"
- "그 감정이 말하는 네 안의 진짜 욕구는 무엇일까?"
- "그 감정은 어떤 존재의 방향으로 널 이끌고 있을까?"
- "이 감정을 표현하는 것이 너에게 어떤 의미와 용기를 요구하니?"
- "감정을 억누를 때 너의 몸과 마음은 어떻게 반응하니?"
- "이 감정이 반복될 때 너는 자신을 어떻게 정의하게 되니?"

1.5 정서

- "이 반응은 너에게 익숙한 반응이니? 어디서부터 시작된 걸까?"
- "반복되는 감정 리듬 속에서 너는 어떤 이야기를 하고 있니?"
- "그 정서적 습관이 네 관계에 어떤 영향을 주고 있니?"
- "이 정서 반응은 너의 삶에서 어떤 역할을 해왔니?"
- "그 리듬을 조율한다면 어떤 새로운 관계 방식이 가능할까?"
- "이 반응은 너의 보호기제일까, 진짜 자아의 표현일까?"
- "정서적 리듬이 불안정할 때 너는 어떤 선택을 하게 되니?"

2. 워크시트 및 코칭 일지 활용법

2.1 자기 인성 구조 탐색 워크시트

- 기질별 체크리스트(욕구/이성/양심/감정/정서)
- 오늘 나의 반응은 어떤 기질에서 비롯되었는가?
- 기질 간 상호작용 그리기: 예) 욕구와 양심의 충돌, 감정과 이성의 조화
- 각 기질별 나의 언어 습관 탐색하기
- 매주 한 기질을 집중적으로 관찰하고 기록하기

2.2 하루 인성일지 작성법

아침 작성 항목:
- 오늘 아침 가장 강한 감정은?
- 내가 오늘 가장 바라는 것은?
- 오늘 하루의 존재 질문 한 가지 설정하기

저녁 반성 항목:
- 오늘 가장 자주 작동한 기질은?
- 어떤 선택과 반응이 이를 반영했는가?
- 가장 도전적인 순간에서 어떤 기질이 도움이 되었는가?
- 오늘 내가 마주한 내면의 메시지는 무엇이었는가?
- 코치 또는 멘토의 피드백 코너:
- 질문 확장, 존재 중심 관점에서 재해석 제공
- 격려와 도전 과제를 균형 있게 제공

2.3 존재 중심 질문 카드

- 기질별 대표 질문 10개씩 정리
- 수업/대화/코칭 세션에서 즉석 활용 가능한 포켓 카드 디자인
- 그룹 활동 시 랜덤 선택 방식으로 활용해 질문 다양화 가능
- 질문 카드를 활용한 '내면 탐색 보드게임' 개발
- 부모-자녀, 교사-학생 간 매칭 질문으로 활용

3. 교실 수업, 가정 대화, 멘토링에 적용 가능한 실천 모델

3.1 교실 수업 모델: '기질 탐색의 날' 프로그램

주 1회, 1교시 전체를 활용한 '내면 탐색 수업' 실시

활동 예시:
- 감정 이름 붙이기 워크숍
- 욕구 우선순위 정하기 게임
- 가치 선택 토론(양심 기반)
- 정서 리듬 그래프 그리기

교사 피드백:
- 학생 발언을 기질 기반 언어로 요약 및 확장하여 제공
- 수업 종료 전 '오늘 나의 기질 사용 성찰 일지' 작성
- 수업 평가 시 존재 중심 관점 포함(성찰, 내면 통찰 등)

3.2 가정 대화 모델: '하루 10분 존재 대화'

부모와 자녀가 매일 하루 10분, 한 가지 기질을 주제로 나누는 대화.

대화 예시 질문:
- "오늘 하루 네 감정 리듬은 어땠니?"

- "무엇을 가장 바라고 있었니?"
- "오늘 가장 기억에 남는 선택은 어떤 기준에서 온 걸까?"
- "무엇이 네 안에서 '맞다'고 느껴졌니?"

대화 후 부모가 자녀의 기질 흐름을 언어화해주는 피드백 제안, 주간 가족 리듬 회의로 확장 가능.

3.3 멘토링 모델: '기질 기반 멘토링 시트'

멘토링 시작 전, 멘티가 기질 체크리스트 작성.
대화 중심 기질을 선택 후, 멘토는 해당 기질에 맞는 질문을 준비.

예시:

- 양심 중심 대화: "이 선택에서 네가 느끼는 책임은 무엇이니?"
- 감정 중심 대화: "이 감정은 너를 어떤 방향으로 이끌고 있을까?"
- 정서 중심 대화: "이 반응은 언제부터 반복되어 왔다고 느껴지니?"
- 이성 중심 대화: "그 생각은 너에게 어떤 명료함을 주었니?"
- 욕구 중심 대화: "이 욕구가 네 미래에 어떤 영향을 줄 것 같니?"

결론

존재 중심 코칭은 청소년 인성교육의 방식과 내용을 혁신적으로 변화시키는 새로운 패러다임이다. 통제나 규범 주입에 의존했던 과거 방식은 한계를 드러내고 있으며, 이제는 청소년 스스로 자신의 존재를 탐색하고 통합할 수 있도록 돕는 구조적 접근이 요구된다.

존재 중심 코칭은 인성의 5대 기질을 통해 자신을 구성하는 내면의 목소리를 듣고, 그 안의 동기와 가치, 판단과 감정, 반응과 습관을 깊이 있게 해석할 수 있도록 돕는다. 이 과정을 통해 청소년은 더 이상 수동적인 존재가 아니라, 능동적이고 자율적인 존재로 성장하게 되며, 이는 단순한 인성 향상을 넘어 진정한 자기이해와 자기주도 학습, 지속 가능한 성장으로 이어진다.

이 문서에 담긴 질문과 도구, 실천 모델은 교사와 부모, 코치가 일상에서 청소년과 함께 존재 중심 대화를 열어갈 수 있도록 설계되었으며, 특히 교육 현장에서 '성찰하는 인간'을 길러내는 데 있어 실용적이면서도 본질적인 도움을 줄 것이다.

김석(2021). 자아. 서울: 배반한 인문학.

김성경(2019). 도대체 왜? 그러냐고!. 서울: 수업디자인연구소.

김성우·김재인·김현수·천경호(2025). 인공지능이 가르칠 수 있다는 착각. 서울: 우리학교.

김윤경(2023). 사회정서학습. 서울: 다봄교육.

김현섭, 김성경(2018). 욕구 코칭. 서울: 수업디자인연구소.

손승남·김권욱·이수진(2017). 인성교육. 서울: 학지사.

송인섭(2013). 자아개념. 서울: 학지사.

신동명(2019). 개입하지 않는 용기. 서울: 21세기주관식교육연구.

오정근(2025). 오정근의 감정코칭. 서울: 북소울.

유충열(2023). 토마스레너드의 프로페셔널 코칭. 제주: 토마스레너드 코칭교육원.

조벽, 최성애(2012). 최성애, 조벽교수의 청소년 감정코칭. 서울: 해냄.

주건성(2015). 인성은 미래다. 서울: 인성학.

Allport, G. W. (1961). Pattern and growth in personality. Holt, Rinehart and Winston.

Anderson, H., & Goolishian, H. (1992). The client is the expert: A not-knowing approach to therapy. In S. McNamee & K. J. Gergen (Eds.), Therapy as social construction (pp. 25-39). Sage.

Boyatzis, R. E., & McKee, A. (2005). Resonant leadership: Renewing yourself and connecting with others through mindfulness, hope, and compassion. Harvard Business School Press.

Brown, B. (2018). Dare to lead: Brave work. Tough conversations. Whole hearts.

Buss, D. M., & Hawley, P. H. (Eds.). (2010). The evolution of personality and individual differences. Oxford University Press.

Cloninger, C. R. (2004). Feeling good: The science of well-being. Oxford University Press.

Csikszentmihalyi, M. (1990). Flow: The psychology of optimal experience. Harper & Row. Random House.

Dewey, J. (2019) 존 듀이의 경험과 교육[Experience and Education]. (엄태동 역). 서울: 박영스토리. (원전은 1938년에 출판).

Eysenck, H. J., & Eysenck, M. W. (1985). Personality and individual differences: A natural science approach. Plenum Press.

Frankl, V. E. (1985). Man's search for meaning. Washington Square Press.

Freire, P. (2020) 희망의 페다고지[The Making of Pedagogy of the Oppressed: Paulo Freire's Approach to Literacy, Training and Adult Education]. (강성훈, 문혜림 역). 서울: 오트르랩. (원전은 2000년에 출판).

Fromm, E. (1947). Man for Himself: An Inquiry into the Psychology of Ethics. New York: Rinehart.

Fromm, E. (2020). 소유냐 존재냐 [The Inner Game of Tennis]. (차경아 역) 서울: 까치. (원전은 2013년에 출판)

Gallwey, T. (2022) 테니스 이너게임[The Inner Game of Tennis]. (김기범 역) 서울: 소우주. (원전은 1974년에 출판)

Goleman, D. (1995). Emotional Intelligence: Why It Can Matter More Than IQ. New York: Bantam Books.

Holmes, W., Bialik, M., & Fadel, C. (2019). Artificial intelligence in education: Promises and implications for teaching and learning. Center for Curriculum Redesign.

Hudson, F. M. (1999). The handbook of coaching: A comprehensive resource guide for managers, executives, consultants, and human resource professionals. Jossey-Bass.

John Gottman & Nan Siver(2014) 가트맨의 부부 감정 치유. [What Makes Love Last?: How to Build Trust and Avoid Betrayal]. (최성애 역) 서울: 을유문화사. (원전은 2012년에 출판)

John marshall Reeve(2018). 동기와 정서의 이해. [Understanding Motivation and Emotion]. (김아영 역) 서울: 박학사. (원전은 2009년에 출판)

Jung, C. G. (1959). The Archetypes and the Collective Unconscious. Princeton, NJ: Princeton University Press.

Kagan, J. (1994). Galen's prophecy: Temperament in human nature. Basic Books.

Kohlberg, L. (1981). The Philosophy of Moral Development: Moral Stages and the Idea of Justice. San Francisco: Harper & Row.

Leonard, T. (1998). The Portable Coach: 28 Surefire Strategies for Business and Personal Success. Scribner.

Leonard, T. (2000). Thomas Leonard's 15 Coaching Proficiencies: The Foundation for Great Coaching Environments. Thought Partners International.

Leonard, T. (2001). Simply brilliant: The competitive advantage of surprise. CoachVille.

Leonard, T. (2002). Simply Brilliant: The Competitive Advantage of Common Sense. New York, NY: HarperCollins.

Luckin, R., Holmes, W., Griffiths, M., & Forcier, L. B. (2016). Intelligence unleashed: An argument for AI in education. Pearson.

Maslow, A. H. (2005). 존재의 심리학. [Toward a Psychology of Being]. (정태현, 노현정 역) 서울: 문예출판사. (원전은 1968년에 출판)

Maslow, A. H. (2018). 매슬로의 동기이론. [A theory of human motivation]. (소슬기 역) 서울: 유엑스리뷰. (원전은 1943년에 출판)

May, R. (1983). The discovery of being: Writings in existential psychology. W. W. Norton & Company.

Patricia S. Churchland. (2024). 양심: 도덕적 직관의 기원. [Conscience the Origins of Moral Intuition]. (박형빈 역) 서울: 씨아이알. (원전은 2019년에 출판)

Reynolds. M. (2020). 문제가 아니라 사람에 주목하라 [Coach the Person, Not the Problem]. (박정영, 임민정, 최영지, 김면수, 이재경 역) 서울: 이콘. (원전은 2020년에 출판)

Rogers, C. R. (1961). On becoming a person: A therapist's view of psychotherapy. Houghton Mifflin.

Rosenberg, M. B. (2003). Nonviolent Communication: A Language of Life. Encinitas, CA: PuddleDancer Press.

Schleicher, A. (2019). OECD Future of Education and Skills 2030: OECD Learning Compass 2030. OECD Publishing.

Seligman, M. E. P. (2011). Flourish: A Visionary New Understanding of Happiness and Well-being. New York, NY: Free Press.

Selwyn, N. (2019). Should robots replace teachers? AI and the future of education. Polity Press.

Whitmore, J. (2017). Coaching for performance: The principles and practice of coaching and leadership (5th ed.). Nicholas Brealey Publishing.

Whitworth, L., Kimsey-House, K., Sandahl, P., & Whitworth, H. (2018). Co-active coaching: The proven framework for transformative conversations at work and in life (4th ed.). Nicholas Brealey Publishing.